没頭力

「なんかつまらない」を解決する技術

ニッポン放送アナウンサー
吉田尚記

太田出版

没頭力

「なんかつまらない」を解決する技術

目次

はじめに　「なんかつまらない」と思っている人たちへ　7

1　「没頭」を定義する　27

2 「没頭」の仕組み 57

3 「没頭」できる体を作る 95

附記＊本書を構成するにあたって、著者は考えたことや独自にインタビューしたことなどを、自らのPCを通じてツイキャスやニコニコ生放送で話しました。本文中、〈〉で示しているのは、そのときに寄せられた視聴者のコメントを適宜改編したものです。本書は、そのようにして〝没頭〟して考えてくださった方々とともに作りました。

はじめに「なんかつまらない」と思っている人たちへ

自分にとって「なんかつまらない」が切実な問題だった

3年前に、コミュ症の人でも大丈夫だよ！　というコミュニケーションの本『なぜ、この人と話をすると楽になるのか』（太田出版）を出版したのですが、これが意外といろんな人に読んで頂けたんですよ。あっ、買ったって言ってくれる人、いっぱいいますね。ありがとうございます。

通称『なぜ楽』のときは、会話の本をどうしても出したかったんです。僕はもともと人と喋るのが苦手だったのに、どうしてアナウンサーなんかになってしまったんだろうって悩んだ時期がありました。でも、それって逆に自分は「会話」に一番関心があったからなんだということに気がついて、ああいう本が書けたわけです。要するに、自分にとって切実な問題だったから書けた、ということですね。

たとえば僕が今、「女の子にモテる本」を出しませんかと言われたとすると……あれ、それは結構切実だなと思う。ただ、切実だけど成功していないから書けないんですよね。だって僕が「モテる本」を書いても……〈よっぴーじゃ説得力がない〉。あ、言われてますね。まぁ、その通りなんですけど。

で、話を戻すと、『なぜ楽』を出した後、自分にはまだ言いたいことがあるかな？　と考えてみたんです。そうしたら、ありました。

切実に言いたいこと。

僕は、圧倒的にいろんな人から「楽しそうだね」と言われることが多いんですよ。事実、自分でも毎日こんなに楽しいことがありすぎて、どうしたらいいだろうと思いながら過ごしています。毎日が充実しているというか、とにかく、日々をものすごく楽しんでいる。そのことだけには、結構自信がある。

〈アナウンサーとは思えないしな〉〈よっぴーの人生を送ってみたい〉。ああ、そんなこと言われたら最高ですね。〈リア充だね〉と言われていますが、モテるという意味でのリア充ではないですけど、確かにリアルな生活が楽しいことばっかりで充実してます。

〈よっぴーみたいになりたいとは思わないけど、よっぴーみたいに楽しく人生を生きたい〉。ものすごく楽しいけど、毎日よくて4時間睡眠、って感じですよ。まぁ、それはいいんです、辛くはないから。

そこでもうひとつ、僕が切実に言いたいことは、こうです。

世の中って「なんかつまらない」と思っている人って多くない？

これが僕にとって、切実な問題だったんです。

幸せなのに、うっすらと不安

僕が18歳のとき、大島保彦先生という駿台予備学校の英語の先生が「日本は天国である」といきなり言うのを聞いて、びっくりしたことがあります。一瞬「は？」と思ったんだけど、言われてみるとその通りなんですよ。

〈天国とは何か〉っていう人がいますね。確かにいろんな言い方ができると思うんだけど、この文脈ではまず、現代の日本なら、普通に生きることができて、いきなり歩いていて後ろから撃たれて死んだりするようなことはまずないっていうこと。

まず電気・水道・ガスが出ない日はないでしょう、ほぼ。食うに困ることもまあそうそうないじゃないですか。逆にちょっと頑張ってアルバイトとかをすれば、世界中の料理が国内のどこかで食べられる。読みたい本があったら、ちゃんとした本のほとんどは日本語に翻訳された形で手に入るし。それは洋の東西を問わずね。東洋も西洋も手に入るのって日本ぐらいらしいですよ。

それなのに、多くの人たちがこの「な~んか、つまらない」に同意してしまう。日本はインフラ完備の天国。言われてみれば、確かにそうなんです。でも、天国って、みんなが幸せそうな顔しているもんだと思っていた。なのに、なぜみんなつまらなそうな顔をしているんだろう、という風に僕は思ったわけです。

僕のラジオを聴いている人たちも、未来も希望も何もないという くらい絶望的にしんどい状況にいる人はそんなにいないと思うんです。ただ、特にやることないな~とか、ちょっと面白そうかな、とある種、暇を持て余してはいるんじゃないかな。

そして、これは僕自身もなんだかんだいってそうなんですけど、皆さん、ネットニュースとかSNSとかをダラダラ見ちゃっていませんか？　これって今、一番意味のないことのような気がするんですよね。〈見ちゃうけど憂鬱になるよね〉。そう。僕はネットニュースとかSNSを見ればみるほど、自分の中で閉塞感みたいなものがどんどん増してしまうんです。

〈問題はないけど不安はあるから〉。うん、この「不安」という言葉。ネットニュースやSNSを見ていると閉塞感が大きくなっていって、不安がどんどん増えていく感じがしませんか？

天国に生きているはずなのに、「なんとなく不安」で、つまらなさそうな顔になってしまう。別の言い方をすると、「やんわりとした絶望」ともいえないでしょうか。今でこそ「楽しそう」って言ってもらえる僕ですが、この「やんわりとした絶望」を実感していた時期があります。

TSUTAYA6時間立ち尽くし事件

意外と真面目な子どもだったので、小・中・高と学校の勉強や受験勉強、そして就職活動も割ときちんとこなしてきました。それって、ある意味やるべきことが明確で、楽だったんですよね。その結果、大学3年生の3月頃にはアナウンサーとしての就職が決まっていました。しかも大学3年生までに卒業に必要な単位も全部、取り終えていたんです。

そうなると大学4年生の1年間は、ほとんどすることがないわけですよ。大学へは週に1回ゼミに論文書くためだけに行けばいい。いわば合法的に暇。これ以上ない自由な状態を手に入れたわけです。

実際にそうなる前の状況では、当たり前だけど「それって絶対幸せ」だと思ってました。大学へも行かなくていいし、就職活動も終わって、好きなように時間が使える。それって最高に幸せな状態のはずじゃないですか。ところが実際にそうなってみたら、めちゃくちゃ鬱になってしまったんです。

〈勝ち組やん〉。そう思うでしょ。何でも好きなことできると思うでしょ。〈自分はその時期にゲーセンに入り浸った〉。そう、ゲーセンに入り浸ればよかったんですよ。でもね、僕はそのときに「一応、アナウンサーとして就職しなければいけないんだから、この1年間をなるべく意味のある形で過ごさねば」と思ってしまったんです。

そして、そういう基準でいろんなことを選ぼうとして……どうしていいのかわからなくなってしまったんです。〈気負ったか〉。そう、そういうことですね。

朝起きて、差し迫ってやるべきことは何もない。で、まず布団の中でダラダラと漫画を読みます。当時、まだネットはほとんどなかったから、漫画を読み飽きたらTSUTAYAに行く。「映画を観る」ことは、将来のためになると思ってたんですよね。何か面白いことにつながるんじゃないか、と。でもTSUTAYAに行くと、そこには何千本という映画が並んでいて、この中でどれを観たらいちばん「ためになる」のかがわからないんですよ。

「何が見たいか」という欲求じゃなくて、「何がためになるか」って考えちゃうと、これもよさそう、あれもよさそうと無数の推論が広がってしまうわけです。そして結局、どれを観ればいいのか、その理由が見つからない。

〈なんでもイイじゃん〉。そう、そういう風に思える人は、その性格を大切にした方がいい。いい性格なんですよ、それって。〈とりあえず観ればいいんだよ〉。今だったらそう思えるんだけど、当時はどうしても意味を探してしまって、そのままTSUTAYAでぼんやり6時間くらい、ただ棚を見て帰ってくるわけです。結局、損得勘定で動こうとすると、そうなっちゃうんですよ。

しかもそうやって帰ってきたときに、「ああ、また一日無駄にしてしまった」と思う。これから社会人としての厳しい生活が始まるのに……って、実際になってみるとそうでもないんですけど、とにかく想像の中では厳しい社会人生活に向けて実力を養うべき時期に、一日を無駄に過ごしてしまった、と後悔するんです。

とりあえずいい学校に入って、真面目に大学3年を過ごしてきて、ちゃんと就職も決まって。ここまでコストをかけたのにこれかよと、思ってしまう。すると、どんどん自信がなくなっていく。そうやって、やんわりと絶望していく。

これってSNSを一日中ダラダラ見てしまって今日も一日無駄にした、っていうのと同じことですよね。僕はそれを1年間、ず～っとやっていたんです。やらなければいけないこともなくて、時間もたっぷりあるんだから、本当だったら単純に好きなことをやって過ごせばよかったのに。

そんな僕が、今は人から「楽しそうですね」って言われるくらい、日々、楽しく過ごせている。それはなぜだろうと考えてみて、ひとつ答えが見つかりました。

「没頭」は幸福の要素のひとつだった！

「なんとなくつまらない」とか「漠然とした不安」。こういう感情を完全に消し去ることはできなくても、それを忘れているときって、割と身近にありませんか。

それは何かに「没頭」しているとき。何かに夢中になって没頭しているときって、つまらなくもないし不安でもないですよね。僕自身、今こうして喋っている段階で、もうほぼ没頭に近い状態にあります。ラジオの本番のときなんかも、実はいつもそうです。

そこで「没頭」という言葉を掘り下げてみると、「ポジティブ心理学」という学問にたどりつきました。

「ポジティブ心理学」というのは、1990年代の終わりに、全米心理学会会長のマーティン・セリグマンという心理学者が提唱した新しい学問分野です。そこで彼は人間が幸福を感じるための要素は「快楽」「意味」「没頭」であると定義した。

「没頭」は幸福の一要素。そこで僕は「おお！」と思ったんです。

幸せの要素として「快楽」はわかりやすいですよね。ご馳走を食べて美味しいとか、遊んでいて楽しいとか。自分が心地よいと感じること。

「意味」は、有名になりたいとか、人より高い地位にのぼりつめたいとか、あるいは誰かの役に立ちたいというように、人生を有意義なものとする考え方。これも割とストレートに幸せとつながります。

それに対して「没頭」は、何かに夢中になって時間を忘れてしまうくらいの強烈な集中状態にあること。その瞬間は、楽しいとか幸せとかそんなことは考えていませんよね。けれど、それも幸福を構成する要素のひとつだという。

そのことを知って僕は自分が今こんなに毎日楽しいのは、何かに夢中になって「没頭」している時間が多いからだったんだ、と確信できたわけです。

人生の究極の目標は「上機嫌」である

ここで、ちょっと視点を変えてみます。人生の究極の目標って、なんだと思いますか？

〈幸せに生きること〉〈楽しく生きること〉。確かにそうですよね。〈人生を味わうこと〉〈飯が美味いこと〉〈自分で自分に満足できること〉。ああ、いいこと言いますね。

どうしてこんなに言葉にこだわるかというと、そこの言葉の設定が上手くいくと、後のことが考えやすくなるからです。というのも、僕、説教くさい言い方が嫌いなんです。説教くさいことを考えるのは好きなんだけど、説教くさくなるのは嫌。なるべく普通に口に出しても恥ずかしくない、当たり前の言葉でこういうことを考えたい。だから「幸せ」っていう言葉もあまり使いたくないんです。だって「君、幸せ?」って言う人って、ちょっと胡散臭くないですか?

そもそもセリグマンが「ポジティブ心理学」を提唱したのも、「幸せ」という漠然とした言葉を3つの具体的な要素に分けることで、もっと正確に定義ができて、明確に測定可能にするのが目的だったといいます。彼はさらにこんなことも書いています。

〝私は実のところ、「幸せ」という言葉が大嫌いだ。幸せという言葉はあまりに乱用されていて、ほとんど意味を成さない言

葉となってしまっている。〃
——マーティン・セリグマン『ポジティブ心理学の挑戦』（ディスカヴァー・トゥエンティワン）22頁より

この気持ち、すごくよくわかります。僕も最終的に人生の目標は幸せになることだと思うけれど、それをそのままストレートには言いたくない。

そこで僕が考えたのが、これです。

「人生の究極の目標は〝上機嫌〟でいること」。

〈心がピョンピョン〉。あ、それ近い。心がピョンピョンと上機嫌はほぼ同義ですね。

〈生きたいように生きる〉。うん、それも近いんだけど。やりたいようにやって、なおかつ結果がよくて、初めて機嫌ってよくなりませんか？　いい結果は出たけれども自分のやりたいようにやってなかった場合も、あまり機嫌よくはならないですよね。〈上機嫌な状態を目指す〉。そうそうそう。つまり、単にお金持ちになってもしょうがないんです。お金持ちでも毎日機嫌が悪かったり、「この財産をどうやって守ろう」って常に不安だったりしたら、それは幸せじゃない。

でね、その「上機嫌な状態を目指す」ことって、没頭している時間を増やすことで、誰にでも実現できるんじゃないかと思うんです。「没頭」って、「快楽」や「意味」よりも具体的で対象を選ばないから。「没頭」を上手く使えば、フワッとしたイメージ論で済ませるのでもなく、社会システムのような外部に頼るのでもなく、自分の手元で「上機嫌な状態」をコントロールできるんじゃないだろうか。

要は**「人生を上機嫌で過ごす方法を論理的に考えたい」**ということ。論理的っていうのは別の形で言うと、誰にでも再現できる形で、ということです。

「なんかつまらない」というラスボスに対抗するための「没頭力」

というわけで、人生におけるラスボス的な「なんとなくつまらない」や「うっすらとした不安」に対抗するために、「**没頭する技＝没頭力**を身につけよう！」というのがこの本のテーマです。

そして「没頭」をキーワードにしたところで、いろいろお話を聞いてみたい人が出てきました。

どうしてその人に聞きたかったのか？　というその理由もおいおい話していきますが、まずは放送作家の倉本美津留さんにお話を聞きました。僕の方に、どうしても聞きたい理由がありました。

さらに精神科医の斎藤環先生にもお話を伺いました。斎藤先生はオタク精神分析なんかでも有名ですね。『戦闘美少女の精神分析』

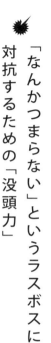

（ちくま文庫）とか。僕からすると、斎藤先生が使おうとしているサブテキストのことがよくわかる、というかそういうものばっかり見て読んできたオタクですし、扱っているテーマがものすごくクリティカルなんです。「ひきこもり」が斎藤先生の大きな研究テーマのひとつですが、それもほとんどひきこもりだったことがある僕にはものすごくわかる。だから斎藤さんが持っている知恵は、絶対にこの本に生かせるに違いないと。

斎藤先生がいろいろと話をしてくれた中に、「モチベーショナル・インタビュー（動機付け面接）」という技術の話がありました。その専門家の、精神科医・行動療法士の原井宏明先生にもインタビューさせて頂きました。

さらにゲームクリエーターの桜井政博さんにもお話を伺いました。ゲームって身近なところにある「没頭」の対象だと思ったので、それを作る側の人の話も聞いてみたかったんです。

そして予防医学者の石川善樹さん。石川さんとは他の仕事でもご一緒することが多いのですが、いつも刺激的な話を聞かせてくださいます。今回は主に「没頭」するテクニックについて、いろいろ教えていただきました。

おそらく、この5人の方々に話を聞いて、それをひとつにまとめ上げるという企画は他にないだろうなあと思うくらいバラバラな人選ですが、僕の中では腑に落ちることばかりでした。

さて、前置きはこのくらいにして、本題に入ろうと思います。「なんかつまらない」というラスボスに対抗するための「没頭力」を手に入れるために。

まずは「没頭」って何？　というところから始めましょう。

1

「没頭」を定義する

「ワクワクして目が覚めて、夜満ち足りて眠る」

最近、よく一緒に仕事をさせて頂いている予防医学者の石川善樹さんから面白い話を聞きました。「予防医学」というのは、読んで字のごとく病気を「予防」するための医学。なるべく多くの人の健康を達成するための学問です。それは、なるべく多くの人の幸せを達成するためにあるともいえますよね。

だから予防医学では、一番最初に「幸せ」を定義しなければいけないんだそうです。予防医学が目指すのは多くの人の健康であって、それはすなわち「幸せ」なんだけど、それだとちょっと漠然としすぎているから、もっと具体的なところまで落とさないと基準にならない、ということ。「幸せ」というよりも「目標」と言った方がわかりやすいかな。とにかく「予防医学が目指すところは何か」ということを決めないと、科学としていろんなことを積み重ねられないわけです。

そこで予防医学の目標、言い換えれば予防医学的な「幸せ」は、

「ワクワクして目が覚めて、夜満ち足りて眠る」

と定義されているそうです。

これ、僕は目の前に鮮やかな風景が一気に開けた気がしました。何より具体的でいい。「幸せ」っていうとなんだか話がややこしくなってくるけど、「ワクワクして目が覚めて、夜満ち足りて眠る」を人生の目的にしましょうと言われたら、そのために具体的に何をすればいいか、見えてくるような気がしませんか？　そして、全ての人にこの可能性は開かれていると思うんですよ。

そして、これって**「人生を上機嫌で過ごす」**ことと同じだな、と。〈なんかいい言葉、確かに。理想〉〈子どもじゃん〉。そうそう、子どもって多分、こんな感じですよね。「子どもかよ！」って現代で

は批判めいた台詞にも聞こえますけど、じゃあ子どもで何がいけないんでしょうか？　この「子ども問題」については後で詳しく触れたいので、一旦置いておきます。

〈遠足当日〉〈休日はそうだ〉〈休日限定の考え方な気がします〉。これね。でも、僕は連日仕事してますし、むしろ仕事しかしていないんですけど、ほぼ毎日**「ワクワクして目が覚めて、夜満ち足りて眠る」**んです。今日も、この放送の前に池袋に行って番組中継してくるのが楽しみだったし、今こうやって喋っているのも非常に楽しいし。今日、この後、またレギュラーの放送もありますからね。

〈朝起きたときに絶望感が〉〈ほぼ逆な毎日でしょう〉。

そう、今ってこれとほぼ正反対な毎日を送っている人が多いと思うんです。

約50％の人がめったにワクワクしていない！

ちょっとアンケートをとってみましょうか。質問はこう。

あなたは「ワクワクして目が覚めて、夜満ち足りて眠る」ことがありますか？

①　ほとんど毎日　5・5％
②　たまに　21・7％
③　めったにない　50・4％
④　ありえない　22・3％

「ほとんど毎日」はたった5・5％しかいませんね。「たまに」が21・7％で、「めったにない」がやっぱりスタンダードなんだ。50・

4%。「ありえない」が22・3%。

〈まあ、そうなるな〉〈せやな〉〈上2つうらやましい〉〈どうやったらそのメンタルになれるかだよな〉。そういうことなんですよ。

僕も以前は③の人でした。でも、いまは①の人なんです。いつの間にか大学4年生のときに比べて100倍以上楽しい日々を送っているアラフォーです。しかも、どうすればワクワクするのかということを真剣に考えたわけではなく、気がついたらそうなっていた。

ところで、ここでひとつ大きな罠があります。

皆さん、僕の「大学4年生のときに比べて100倍以上楽しい日々を送っている」っていう言い方に、それは珍しいなって思いませんでした?

多くの人は「昔は楽しかった」っていう言い方をしますよね。「若い頃の方が楽しい」ってみんな言わない?「青春時代が最高!」みたいなこと。僕は、青春時代が一番楽しかったって言い方、大嫌いなんです。

〈歳を取ると希望を持つことが減る気がする〉。あぁ……そこですよ。それが問題なの。

磨くべきスキルは、自分が楽しくなるスキル

人間って基本的に経験を積めばスキルが上がるものです。そこで、本来もっとも上げるべきスキルって何？　って考えたとき、「自分が一番磨くべきスキルは、自分が楽しくなるスキル」だと僕は思うんです。

しかもそれはスキルなので磨くことができる。ここがポイント。持って生まれた才能ではないんです。スキルである以上、自分で身につけて、さらに磨くことができるはず。

たとえば料理というスキルについて考えましょう。料理はスキル

だよね、間違いなく。料理を始めて1年目の人と10年目の人と、どっちが上手いと思う？

それまで全然料理したことがなかったという人が、結婚をきっかけに料理に興味を持ってやり始めたとしたら、新婚時代と、それから料理をずっと続けてきた50年後と比べて、その人は50年後の方が絶対料理が上手いと思いませんか？

僕はそれと同じように、自分が楽しく生きるためのスキルも歳を取れば取るほど上達するべきではないかと思います。事実、僕はそうなんです。少なくとも20代のときよりも40代の今の方が、楽しく生きるのが上手くなっている。

少なくとも今の時代の僕らにとって、人生で一番辛いのは不安に苛まれていることではないでしょうか。その不安と散々戦ってきたはずの歳を取った人間が、一番不安と闘うのが上手くないといけないと僕は思う。

そういえば斎藤環先生が、

「現代は『なんかつまらない』けど、そこそこ満足という人が多い。それは面白いことがなくてもSNSなどで、なんとなく人とつながっていられるから。だから**携帯は最高の『毛繕いツール』**だよね」とおっしゃってました。ワクワクしてなくても、なんとなく日々をやり過ごせちゃうんですよね、きっと。

でもね、不安を偶然繰り出したラッキーパンチばかりでしのいでいたとすると、次に何かが起きたとき、もっと不安になりますよね。それって自分自身で単なるラッキーだってわかるから、「こんなラッキー続かないぜ」と思ってしまうじゃない。そうして不安が増していく。

そうじゃなくて、こう来たらこう対処する、こう来たらこう対処するっていう風に、技術として捉えていれば、歳を取れば取るほどちゃんとその技術は積み上がる。そうすれば、どんどんいろんなことが辛くなくなっていくはずです。だから、歳を取れば取るほど、人生は楽しくならなければおかしい。

知性は「楽しく生きること」につぎ込むべき

もし、知性というものがあるとすれば、それってリソースではないでしょうか。自分の持っている原資みたいなもの。人によってはそれをお金を稼ぐことにつぎ込むし、何か物を作ることにつぎ込む人もいるでしょう。僕は、そのリソースは本質的に「楽しく生きる」ことにつぎ込むべきなのではないかと思っています。

どうやったら自分が楽しくいられるか。そのためにはどうしたらいいのかということを徹底的に考えて、そのスキルを身につける。そのために知性は使うべきだと思う。

〈楽しさのレシピ的な〉って言われていますが、そんな感じも近い。

誰でもできるということはレシピでしょうね。〈歳を取るのが怖い〉という人がいますね。怖いのは、今より楽しくなくなるだろうと思うからじゃない？　でも言ったじゃないですか、「自分が楽しくなるスキルは磨くことができる」と。僕は20代よりも40代の方が楽しいと思えているし、さらに60代の方が今より楽しいだろうなと思っています。そう思えることで、今がより楽しくなる。

そして僕が見つけた「ワクワクして目が覚めて、夜満ち足りて眠る」ためのスキルが、「没頭」で、しかも**没頭するスキルは経験や知性で上げられる**、と思うんです。

没頭で人生を埋め尽くす

ここで「没頭」について、もう少し詳しく掘り下げてみます。

先ほど紹介したセリグマンの「ポジティブ心理学」では、人の幸福度を「快楽（ポジティブ感情）」「意味（意味・意義）」「没頭（エンゲージメント）」という3つの要素に分けて分析しています。

「快楽」は「ポジティブ感情」とあるように、楽しかったり心地いいと感じること、すなわち快楽を手に入れることを重視する生き方です。俗っぽい言い方をすれば、最高の女とベッドでドンペリ的な生き方ですね。快楽で簡単にポジティブな感情は得られますが、それには慣れが生じるので、最初に感じた楽しさは長続きしないという特徴があります。

「意味」は、言い換えれば「有意義な人生を送る」ということ。何か自分よりも大きな存在に属して仕えること、とされています。人から認められることとか、それこそ受験とかもそうだよね。ああ、〈承認欲求〉って書いてくれる人、多いですね。まさにそう。

「快楽」と「意味」って、割とテンプレートな幸せの形だと思います。もちろん、それがいけないというわけではありません。でも、僕は幸せって果たしてそれだけかなあと思っていたので、「没頭」も幸せの要素だという考え方を知って、とても腑に落ちました。

では「没頭」は、どういうことかというと、時間を忘れてしまうくらいの強烈な集中状態にあること。あっという間に時間が過ぎていて、終わった後にスッキリしている。

〈映画観終わった後とか〉〈今まさに没頭中〉〈プラモデルを組み終わった後かな〉〈半田付け没頭した〉。ああ、半田付けはいいですね。没頭しそう。

〈受験勉強なう〉というのもありますけど。勉強も本気で集中しているときって、すごく楽しくないですか？　テスト問題解いているときって、ある種没頭しているんじゃないかな。勉強に関しては、本当は楽しいと思っていいのにそう思えない、思わない方がいいという流れが学生側の常識としてあったりするじゃない。それもちょっとおかしいなと思います。勉強が楽しくて没頭することだってあるはずです。ここに大きなヒントがあると思うんですよ。本来面白くて没頭しちゃうはずの「勉強」をつまらないと思わせられちゃう仕掛けが現代社会にはある。

〈プラモデル〉〈基本何か一人でやることじゃない〉〈やっぱアニメかな〉とか。

〈没頭ばかりの期間があるなら睡眠削ってでも過ごせそう、楽しそう〉。うん。僕の睡眠時間が削られていく原因の8割か9割はそれです。だから僕はそういう意味で言うと、ちょっと没頭中毒気味なところがあります。それはイカンな、と思わないでもないけど。

でもね、考えてみれば僕、ここまでの40年で、最高の女とベッドでドンペリなんて経験もないし、有名になって大勢から褒め称えられたりなんてこともありませんでした。そして、おそらく今後もないと思うんですけど、それでも「没頭」の時間だけで人生が埋め尽くせたら、全然辛くない。それはとてもいい人生じゃないのかなあ。

「没頭」＝「フロー」

ちなみに、この「没頭」ですが、実は別の言葉でも言い表されています。というか、そちらの方がもともと研究が進んでいたそうです。それがミハエル・チクセントミハイという人が提唱した「フロー」という状態。「没頭」＝「フロー」なんですね。

「フロー」とか「フロー体験」っていう言葉、聞いたことがある人も多いんじゃないでしょうか。チクセントミハイの本から引用すると、こういうことです。

〝目標が明確で、迅速なフィードバックがあり、そしてスキル〔技能〕とチャレンジ〔挑戦〕のバランスが取れたぎりぎりのところで活動している時、われわれの意識は変わり始める。そこでは、集中が焦点を結び、散漫さは消滅し、時の経過と自我の感覚を失う。その代わり、われわれは行動をコントロールできているという感覚を得、世界に全面的に一体化していると感じる。われわれは、この体験の特別な状態を「フロー」と呼ぶことにした。〟

――M・チクセントミハイ『フロー体験入門』（世界思想社）日本語版への序文より

多くの体験者がその状態を「よどみなく流れる水の流れ（フロー）の中にいるような気がする」と表現するところからつけられた名前だそうです。

スポーツ選手が「ゾーンに入る」と言うのも同じ。他にも「ピークエクスペリエンス」とか、ジャズの世界では「ジャックイン」などと言うそうです。「ランナーズハイ」とかも近いかもしれない。

ですから僕がここで話している「没頭」は、完全に「フロー」のことです。ただ「フロー」というより「没頭」の方が日常的に使う言葉だからわかりやすいし、イメージも湧きやすいのでこのまま「没頭」という言葉を使いますね。

そしてチクセントミハイの研究によれば、「没頭（フロー）」できる人の方が、できない人よりも幸福度が高いそうです。「没頭」は人間の幸福度を高めてくれる、ということですね。

人生2万ユニットの楽しいことがあればいい

さて、先ほど僕は「没頭」の時間だけで人生が埋め尽くせたらいいな、と言いました。ただ、少し考えてみるとそれはちょっと漠然としすぎている気もします。

そこで最近聞いて、なるほどと思ったんですが、映画評論家の有村崑さんが、淀川長治さんは生涯に大体2万本くらいの映画を見たんじゃないかと言っていたんです。有村さん自身が今41歳で1万本くらい見ているらしくて、淀川さんは89歳まで長生きされていたから、2万本くらいは見ていただろうと。

　そこで思ったのは、「人生をずーっと幸せに過ごす」というとすごく嘘くさく感じてしまうけれど、「人生を2万個の好きなことで埋め尽くす」というのは、なんだかできそうな気がするということ。人生を2万ユニットのポジティブなもの、楽しいこと、好きなものだけで組み上げることって、できるんじゃないかな。もちろん2万本見たのは淀川さんっていうすごい人なんだから、普通の人は5000個の好きなこととかでも全然いいわけですよ。

〈回数が限定されると目標が明確になっていいね〉。そう、永遠にって考える必要はないんですよ。むしろ「2万回で済む」でいい。その方が気が楽じゃない？　だから「なんかつまらない」を解決するために、今のところの解決策としてはとりあえず「2万個の好き」があればいい、と。

〈ただ、観た映画が全部面白いとは限らない〉。それはそれでいいんじゃないでしょうか。〈アニメ2万本観ようかな〉。うん、アニメ好きならそれでいいと思う。

ひとつの好きなことを2万回、繰り返すのもいいけれど、100個好きなことがあって、それをそれぞれ200回繰り返すのだっていいと思うんです。むしろその方がいいと思う。好きな物がバラバラで、意外なものであってもいいじゃないですか。

石川善樹さんによれば、物事を始めるときって対処方法をたくさん持っておくことが大切なんだそうですよ。たとえば英語を学ぼうと思ったとき、勉強方法をひとつしか持たずに始めてしまうと、それが上手くいかなかった時点で諦めてしまう。反対に上手くやれる人は、最初にいろんな勉強方法を用意してから始めるそうです。そうすると、ひとつが上手くいかなくても別の方法で試すことができて、「やっぱり自分はダメなんだ」と思わずに済むから。仮に3分で飽きても、他の方法を試せばいいと思っているので、自分で自分を追い詰めなくていいし、リラックスしていられるそうです。

ちなみに研究者って、大体において「〇〇一筋」という人は大成しないんですって。ノーベル賞を受賞するような研究者たちって、平均3〜4回は自分の研究フィールドを変えているそうです。しかも、「それが気になってしょうがないから不得意だけどやる」みたいなことをいっぱいやっている。やっぱり2つ以上の専門分野を持った瞬間に知見って増えるじゃないですか。あれ、これってこの角度で見るとこうなんじゃないみたいなことが、研究にいい影響を与えるわけですね。そしてこれはゲームクリエーターの桜井政博さんがおっしゃっていたことですが、ゲームって最後までプレイする人は全体の2割ぐらいなんですって。でも、途中まででも、そこまで楽しければいいじゃない、と。

「何かを成し遂げなければいけない」というのを気持ちの張り合いにするのはいいけれども、本当に飽きたらやらなくたっていい。そう、目移りすることって悪くないんです。だから好きなものだって、どんどん変えても、増やしていってもいいと思います。好きなことが1個しかないよりも好きなことが100個あって、その中のたった1個に没頭できたら、その日はOKなんじゃないでしょうか。

好きなことをしないで、生きているといえる？

「好きなことだけして生きていけると思うな」って言い回しがありますよね。僕はそれって変だと思う。むしろ、好きなこともしないで生きているって変じゃないですか？

「好きなことだけして生きていけると思うな」というのは、自分が好きなことをして生きていないのに、お前だけ楽しいことを許さんという嫉妬の言葉。ある種の呪いではないでしょうか。〈ドリームキラー〉。へえ、そういう言い方があるんですね。ちょっとわかる気がするなぁ。〈好きなことだけして生きて何が悪い〉。そう、他人に不幸を強制するな、とかいろんな言い方がありますよ。

〈何かを諦めた人が言っているんだろうなあと思っている〉。これはね、別に諦めても構わないんですよ。「諦めることが負け」じゃなくて、何を諦めるか、ですよね。上機嫌に生きることを諦めちゃいけないけど、具体的にやってみて大して面白く感じなかったことを諦めるのは、別に構わないどころか正しいと思う。ひとつがダメなら次へ、っていうのは手法として間違っていないし、好きなことは増やしていけばいいし。

「没頭」は、特に対象がゲームやアニメ、漫画になると、現実逃避と呼ばれることが非常に多いですよね。でも「没頭」が叩き出すハイパフォーマンスっていうのは間違いなくあります。

たとえば仕事の資料として明日までに20冊の漫画を読んでくださいって言われるとキツかったりすると思う。でもそれが自分の好きな漫画だったら、言われなくたって20冊読んじゃいますよね。〈止める方が辛いこと〉〈好きなことなら辛くない〉。そういうことなんだよね。好きってそういうこと。そして、それが目の前の現実には対応していなくても、人生の最後には没頭をいっぱい積み重ねてきた人の方が得するんじゃないかな。僕は、中学生くらいの頃はアニメ雑誌ばかり読んでいたけれど、あの頃それを読んでいたことの方が、不得意だからやる気がなくて漫然と数学をやっていたことの数倍も今の仕事には役に立っている。もちろん当時はネタを手に入れようと思っていたわけではなく、単に好きでしていたことです。

だから僕は「好きなことだけして生きていけると思うな」という台詞には、「好きなことばかりしないで、生きているつもりなのか」と返したいんです。

大人の没頭

「好きなことだけして〜」っていうこの言い回しには、「いい大人が」って枕詞がつきがちですよね。

「ワクワクして目が覚めて、夜満ち足りて眠る」っていう言葉を出したとき、〈それって子どもじゃん〉ってコメントをくれた人がいました。本当にそうなんですよ。でも、それに対して世の中って全く逆のことを言うじゃないですか。

「没頭するな、大人になれ」。世の中って、こういうことを言いませんか？　「大人になれ」は「冷静になれ」「没頭するな」というメッセージに近いですよね。でもこれって、その人のためを思って言ってない。その方が周りにとって都合がいいから。さらに言えば、こうい
自分にとって都合よく相手を動かしたいときに使うんです、こうい

う言い方。

なのに、無意識のうちにこれを自分の中に刷り込んじゃっている人って、すごく多いんじゃないかなって気がするんです。「ワクワクして目が覚めて、夜満ち足りて眠る」ことがめったにない人って、これを刷り込まれちゃっているが故に、そこから動けなくなってしまっているんじゃないかな。

でも、僕は真剣にふざけたことをしている大人ほど、信頼できる人いないと思うんですよね。喩えるなら、浜ちゃん、スーさんですよ。『釣りバカ日誌』では、どちらかというと釣りをしているときのスーさんの方が、みんなは好きじゃないですか。この喩えで伝わるかな。〈所ジョージさんですね〉。ああ、確かに所さんは大人の没頭を手に入れている感じがしますね。

そう、他人に迷惑がかからないんだったら、大人だろうと子どもだろうと、没頭していいんですよ。

〈自分ではそう思っていなくても、他人にくり返し刷り込まれる〉〈「あなたのため」という言葉は嫌い〉〈いい大人とは都合のいい大人のこと〉。そうそう。ここ、やっぱりみんなの怒りが溜まっているところなんだね！

没頭という「モード」を手に入れる

〈夢中になれるもの、見つからないんだよ〉〈没頭できるものをどうやって見つければいいんだろう〉。なるほど、そこって微妙なところですよね。没頭できる「もの」っていうところ。〈ものじゃなくてコトに夢中になりたい〉〈夢中になっている自分を見つける〉。そう、そういうこと。もっと正しく言うならば、「没頭できる対象を見つけろ」ではなくて、最終的な目標はこっちだと思うんです。「没頭というモードを手に入れる」。

モードになれば、対象は何だっていいんです。スポーツでもいいし、料理でもいいし、プラモデルの組み立てでも、それこそ半田付けでもいいんだけど、何かに2万回、没頭できればいい。

淀川さんみたいに没頭できる対象が明確で、数も多いのなら、それを2万個見つければいいし、そうでなければ、何かに没頭している状態を2万回繰り返せばいいんじゃないかな。要は没頭というモードに2万回入ればいいんだと思います。趣味はひとつである必要がないのと同じですよね。

〈仕事と趣味は別々にすればいいのかな〉っていう方がいらっしゃいますが、100個とか200個くらい好きなことがあったら、そのうちのどれかは仕事になると思うんですよね。

さっきも言いましたが、没頭できるというのは、やっぱり好きなこと。そして没頭している人には勝てないんですよ。僕は語学がそんなに好きではないからあまり得意ではないんだけど、本当に英語が好きな人って、めちゃくちゃ勉強するから、そういう人には絶対に勝てない。最難関の試験に合格する人のほとんどは、「試験はゲームだ」って言うんですよね。勉強そのものが楽しくてやっているの。反対に東大に入ることが目的になると、勉強は「意味」になってしまう。行為に意味を求めている人は、行為自体が楽しくてやっている人には、絶対に勝てないんです。

没頭は奪われない

そして「没頭」というモードの最大の強みは、奪われないし、奪えないということです。

『刑務所の中』という映画があります。原作は花輪和一さんの漫画で、主演は山崎努さん。タイトル通り刑務所の中にいる人たちの生活を描いた物語なのですが、主人公が懲罰房の中で封筒貼りをするシーンが出てくるんです。一人でもくもくと紙を貼って封筒を作らなければいけないんですが、そこで彼は、「今日は新記録を目指そう！」というように、「自分ルール」を決めて一生懸命作業するわけです。そして、それがいかに楽しい体験であったかということが、漫画の中でも、映画の中でも描かれている。これを見た瞬間に「確かにそうだ！」と思ったんですよ。

没頭している瞬間って、何にも考えていないんですよね。そして終わった後にはスッキリできる。仮にそれが自分が好きでやりたいと思ったことではない封筒貼りだったとしても、没頭して作業していれば、終わったときにはスッキリした気分になるはずなんです。

刑務所に入っている状態というのは、わかりやすい意味での「快楽」と「意味」は奪われていますよね。けれど、そこでも「没頭」だけは、奪えない。

〈映画『ショーシャンクの空に』でも、みんな何かに没頭していたね〉。そう！　極限状態ってそうだよね。何かに没頭して時間をやり過ごす。完全な幸福ではないかもしれないけれど、「没頭」によって得られるその心地よさだけは、誰にも奪えない。同じように、誰かの没頭も奪えない。

そして、そういう極限状態にいない僕らにとっては、どんな状況でも夢中になって没頭できることが、本当に好きなことと言えるのかもしれない。「好きなこと」って、結局は「夢中になってできること」「没頭してできること」に言い換えられるんじゃないかなと思います。

〈でも「さて没頭するか」とはならなくない？〉。

そこです！　もしそのテクニックが身について、「さて没頭するか」とできるようになったら、人生が楽しくなると思いませんか？〈没頭が意識的にできればいいな〉。そう。この本はそれを目指すための本なんです。

2

「没頭」の仕組み

没頭するための条件

ではここからは具体的に「没頭」を読み解いていきましょう。まずはチクセントミハイがまとめたフロー状態を構成する要素を8つ紹介します。こういう状態のときに、人はフロー状態に入っている＝没頭しているという要素です。

① ゴールが明確で、進捗が即座にわかる
② 専念と集中、注意力の限定された分野への高度な集中
③ 活動と意識の融合が起こる
④ 自己の認識や自意識の喪失
⑤ 時間感覚の歪み
⑥ 状況や活動を自分でコントロールしている感覚

⑦ 行動そのものに本質的な価値を見出している

⑧ 能力の水準と課題の難易度とのバランスがいい

なんかすごいんですけど、僕はスッキリとはわかりませんでした。そこで、８つの条件をそれぞれもう少し噛み砕いた言い方に直してみたいと思います。

① ゴールとルールがはっきりしていて、フィードバックが早いこと

ゴールが明確で、進捗が即座にわかる

たとえばサッカーや野球など、スポーツを例にとるとわかりやすいでしょう。その場におけるルールが明確に決まっていて、相手より1点でも多く点を取ればいいというゴールもはっきりしている。そして今取った行動が、どのように状況に影響するかがすぐにわかります。パスミスした瞬間には「しまった！」って思うし、逆にい

いパスが通れば「よっしゃ！」と思うじゃない。

〈料理もそうだよね〉。そう、料理もフローを導きやすいと書かれていました。料理もレシピや手順が明確で、それができあがりにどう影響するかがすぐにわかりやすい。気分転換に料理をするっていうのは、没頭しやすいからかもしれませんね。

〈「信長の野望」の没頭感は半端ない〉。そういうことそういうこと。「信長の野望」って、最終的に天下統一すればいいというゴールも！そのためのルールも明確ですよね！

『フロー体験入門』では、ゲームの例としてチェスやポーカーが挙げられていますが、

〝それらには行動のための目標とルールがあり、プレイヤーが何をするべきか、どうやってするべきかを疑問に思うことなく行動することを可能にするからである。〟（41頁）

と書かれています。

「信長の野望」だって、冷静に「なんで俺は天下統一しなきゃならないんだろう」なんて考え始めたら、全く意味がわからなくなりますよね。だから「なんで」というような意味づけは必要ない。

そういう意味では「ゲーム」って、没頭とすごく密接な関係があると思います。

②目の前のことに100％集中していること

専念と集中、注意力の限定された分野への高度な集中

他のことを考えず、目の前のことに集中している状態ということですね。何かしながら、いろんなことを散漫に考えているという状態では、没頭はしていない。

再び『刑務所の中』の話ですが、刑務所の中にいて、自分が懲役

何年で模範囚になるためにはどうすればいいんだろうみたいなことを考え始めると、どうしようもないほど気もそぞろになるんだけど、そのときに封筒貼りの作業に専念していると、余計なことを考えなくて済むわけです。

だから、「単純作業をしている人生なんかどうなの」みたいなことを言う意識高い系の人いるじゃない。でも、単純作業って全然悪くないと思います。あなただったらもっと意味のあることができるとか、余計なお世話だよね。

〈東大生が家庭教師じゃなく、好きでラーメン屋のバイトをする〉。うん、いいじゃないですが、ラーメン好きだったら。ラーメン好きな東大生だって、人に教えるのが大嫌いな東大生だっていると思うぞ。それの何がいけないのって、本当に思う。

③ 無意識に体を動かしていること

活動と意識の融合が起こる

これはちょっとわかりづらいかもしれないけど、いい例は楽器の演奏。習い始めの頃は、ここをこう押さえるとこの音が出てとか、こう指を動かすとこうなるから、というように考えながら演奏しているのが、上手くなってくるといつの間にか無意識で演奏できるようになるじゃない。それが、活動と意識の融合です。

〈『響け！ユーフォニアム』（武田綾乃による日本の小説シリーズ・宝島社文庫）参照〉。ですね、アニメで言うとまさにそうですね。あれはフロー体験の作品ですよ、本当。

〈格闘ゲームも無意識に入力している〉。確かにそうですね。最初のうちは、このコマンドでこの技が出るんだな、といったことを考えながらやっているけど、いつの間にか慣れて無意識に指が動くようになる。あれ、頭で覚えているわけじゃないんですよね。体が覚えてしまって、フッと反射的にできるようになっている。それもフロー状態ですね。

④自分というものをなくしていること
自己の認識や自意識の喪失

〈本当に没頭してるときって、その瞬間は「楽しい」とすら感じてない気がするな〉〈楽しいを考える余裕すらない気がする〉。そう、そういうことです！　没頭している瞬間は、自分というものをなくしているんです。

〈フロー中の自分の状態を表現する言葉がないから「楽しい」になる感じがする〉。なるほど、それは本当にそうかもしれない。

〈「楽しい」は理由付けじゃないかな〉〈後から考えれば楽しかったであろう瞬間〉。そう、終わったことを「楽しかった！」と言うことはできるけど、その真っ最中って、ただ「本気」なだけじゃない。何かに没頭している最中に「爽快」はあるけど「楽しい」はないような気がします。「楽しい」って、まだ科学的にもよくわかってないんですって。

たとえば僕はニコ生（ニコニコ生放送）をやっているときや、イベントの司会をしているときにもよくフロー状態になるんですが、特にイベントの司会って、ウケようと思って行動すると、あまり楽しくないんです。話の流れに身を任せて、そのときの目標を理解して、その場が面白く意味あるものになることが自分の仕事だということが腑に落ちていて、さらにそれができると思ったときには、自意識のためではなく、今、ここにこの言葉が必要だからってスポンと出てくる。そこに自己の意識なんて関係ないし、自分が喋るために言っているわけでもなくなるんですよね。

だからイベントって、僕らからするとすごくスポーツっぽい。そこにいるみんなで「よっしゃやるぞ」というチームワークも必要ですしね。参加してくれたお客さんが、その場に来てよかった、と思ってくれたら、それは僕らチーム全体の勝利だし、誰か一人が目立って空気が悪くなったら、それは負けだなっていう感じになる。〈人間関係と会話のパス回し〉。そうそう。そういう感じです。だから①のゴールとルールが明確、っていうこととも近いんだと思います。

〈頭をフルで回転させている状態とか。準備とか企画段階とかプレゼンテーション中とか、一対一で応答しているときとか。そういうときって始まる前にお腹が空いたなぁって思っていても、いつの間にか空腹を忘れてたりする〉ってそれもありますね。没頭しているときは身体的不調を忘れている。

でね、フロー状態で「自意識の喪失」を体験した後は、反対に自意識が高められて、以前より自分という存在が大きくなったように感じるんだって。簡単に言えば自信がつくっていうことですね。「自信つけよう」って思って行動しても自信がなんかつけられなくって、無我夢中で事に臨んだときだけしか自信なんてつかないって、自分の経験からもつくづく実感します。

⑤時間の感覚がなくなっていること

時間感覚の歪み

これはわかりやすいですね。何かに没頭していて「うわっ、もうこんなに時間経っちゃった」っていう経験、誰でも一度くらいあるでしょう。これは逆もあって、あっという間だった時間を、すごく長く感じるときもあるそうです。

〈気づいたら時間が溶けてたあの感じ、最高なんだよな〉。上手いこといいますね。みんな、やっぱり経験してるよね。

今も僕、放送を始めてもう1時間16分も経っていることが驚きですよ。まだ15分くらいの気持ちなんだけど。まあ、でもこの放送自体に没頭できてなきゃ、説得力ないですからね、この本。

〈行列を待っているときとか長く感じるよね〉。考えてみれば、行列に並んでいるときってフローの条件を全く満たしていないですからね。行列に並ぶぐらいなら他に楽しい選択肢いくらでもあるのになって思うんですけどね。

⑥その場の状況を自分でコントロールできていること

状況や活動を自分でコントロールしている感覚

行列がなぜフローを導かないか。その理由がまさにこれですね。その場を完全に自分でコントロールできている確信が持てる。実は僕、「没頭」においてはこれが一番重要なことのような気がしています。

僕は自転車に乗るのがすごく好きで、移動は可能な限り自転車を使っているんですが、自転車移動をしているときって、気になるものが目に入ったら止まってもいいし、別の道を通ってもいい。移動を自分でコントロールできる感覚がすごく気持ちいいんです。④でも触れた、イベントが上手く進んでいるときなどはこちらにも当てはまりますね。

僕、実はテレビの仕事ってやっていて全然楽しくないんです。テレビの現場って何百人ものスタッフが関わっているから、自分で状況をコントロールできないんですよね。それに対してラジオって数人の現場だから、かなり状況をコントロールできる。これは喋り手だけじゃなくて、ディレクターも放送作家も同じだと思います。だからみんな、ラジオは楽しいっていうんだろうな。これは体感としてよくわかります。

〈ジェットコースターとレーシングカートの差だな〉。なるほど、ジェットコースターに没頭はできないよね。

〈ディズニーランドとか富士急ハイランドは本当に嫌だ〉。わかります。僕もテーマパークって受け身だからあまり好きになれないんですよね、元々。あれはネットニュースとかを見てしまうことと非常に近い気がする。ただそういう場所も、そこに行ったことを誰かにレポートしようと思うと楽しめるんですけどね。

受け身の行動はフロー体験を導かない。だからテレビをダラダラ見てしまうというのは没頭じゃない。ネットニュースやSNSを見ちゃうのも同じですね。

〈映画はどうだろう〉。映画も基本的にはそうなんですよね。ただ、じゃあなぜ淀川さんが映画に没頭できていたのかと思うと、淀川さんにとって映画はゲームだったんですよ、多分。淀川さんは映画を観て、そこで受け取ったものを誰かに喋るために見ている。評論家として見ているということは、そういうことですから。そうすると、どんなにつまらない映画でも、どういう風に解釈すれば面白さが得られるだろう、それをどう伝えられるだろうっていうように、主体性を持って関わることができる。

〈主体性がないといけない〉〈思考の素材だったんやね〉。そう。目の前に差し出されたものに対しても、そう捉えることができれば没頭できるわけです。

〈せわしい流れの中で通り過ぎるだけか、何かを捕まえようとするかで相当な差がある〉〈責任を持つと人生が楽しくなるのはこれだと思う〉。うわー、カッコいい言い方！

⑦その行動自体が目的になっていること

行動そのものに本質的な価値を見出している

行動そのものが目的になっている。これは少しわかりにくいかな。たとえばサッカーの試合においてはドリブルに意味があるけれど、本質的に考えると、ボールを蹴りながら走ることに意味はないですよね。でも、サッカーの試合中にはそんな疑問を持ちません。そういう感じでしょうか。

〈行動そのものが楽しいと思える〉。そうだね。たとえばざらざらしているものをツルツルにさせていくのとかって楽しくない？　僕、やすりがけなんかを始めるとものすごく熱中するんです。泥団子を光り輝くくらいすべすべにするとか、写経なんかもそうかもしれません。感覚そのものが楽しいという感じ。逆にこんなことをやっていていいのかな、と自分で疑問を持ってしまうと没頭は訪れないですよね。

　僕にとって自転車に乗っているときは、この条件にも当てはまっているかもしれない。ただ自転車を漕いでいるのが楽しくて、そこに過不足はないんです。

〈テトリスは？〉。確かにテトリスに意味はないけれど、隙間にピッタリ入れるのって気持ちよくて没頭しちゃいますね。行為そのものが目的になっている。

　余談ですが、最近聞いて面白かった話。テトリスの作者であるアレクセイ・パジトノフさんに取材したという人から聞いたんだけど、「あなたの作ったゲームについて取材させてください」と言ったら、パジトノフさんが怒って「あれはゲームではない。実験だ」って言ったんだって。どういうことかというと、テトリスは「人間はちょっとずつ違う刺激を与えると、延々と同じことをやり続けるという実験のために作ったんだ」って。後付けの理由かもしれないけど、そう言っていたと。ちょっとすごいですよね。

⑧自分の持っているスキルと課題のバランスが取れていること

能力の水準と課題の難易度とのバランスがいい

これはものすごく重要なこと。人って「ギリギリできそうかな」というくらいのレベルの課題に取り組んでいるときに、一番没頭できるんだそうです。

〈無理ゲー過ぎると投げる〉。そうだよね。かといって簡単すぎるゲームは退屈してしまう。だから簡単すぎても難しすぎてもダメなんです。ギリギリクリアできるかな、っていうくらいのレベルがベストなんだって。

〈難しすぎるとやる気失せる〉。そう。だから多分、教師という職業にとっては、ここの見極めがすごく重要なんだと思うんだよね。ギリギリできそうなことを設定するのが上手いのが、いい教師やコーチなんだと思います。

エクストリームスポーツとフロー体験

これらの8つがフロー体験＝「没頭」の構成要素だとチクセントミハイは書いています。もちろんこれが全て揃わないと没頭とはいえない、ということではありません。

たとえばこれらのいずれかが当てはまっている状態は「弱い没

頭」、ほぼ全てが当てはまった状態を「強い没頭」と言ってもいいでしょう。

ちなみに現在、「強い没頭」の最高峰にいるのがエクストリームスポーツの選手たち。ものすごく切り立った雪山でスノーボードをやる人とか、6階建てのビルぐらいの波でサーフィンする人たち。〈バイクに乗って宙返りとかする人たち〉とかね。

彼らにとって競技中のミスは、そのまま生命に関わってしまう。そこで無事に帰って来るためにはゾーンに入るしかないんですって。だから彼らは競技中に非常に強いフロー状態に入っている。それがパフォーマンスを飛躍的に高めて、その結果、エクストリームスポーツの世界は一足飛びに進歩しているそうです。

たとえばカヤックって僕は単に険しい渓流を下るだけだと思っていたんですが、今はカヤックで滝を下るんだそうです。これね、数十年前はそんなことやっていなかったんですって。10mくらいの滝を落ちたら死ぬよねって思われていたんだけど、近年、ある人がいけるんじゃないかと10mの滝を下ってみたら大丈夫だった。そこで一人ができるようになったら、他の人たちも次々とできるようになって、今では10mなんて当たり前で、すでに80mとかの世界に達しているんだとか。

そうはいっても、年に何人も死者が出るような危険なスポーツであることには変わりはない。でもやるんだ、といって競技に挑み続ける人たちは、フロー状態にめちゃくちゃ入りやすい。その理由は「フローに入らないと死ぬから」。

危険な競技を終えて生還したエクストリームスポーツの選手たちは、競技中、間違いなくフロー状態にあります。なぜならそうでなければ生きて帰ってこられないから。そこで競技中の彼らの脳波などのデータを取ることで、フロー状態の科学的な解明が進んでいるそうです。これらの話はスティーヴン・コトラー『超人の秘密　エクストリームスポーツとフロー体験』（早川書房）という本に詳しく書かれているので、興味がある方は是非読んでみてください。

没頭するために重要な3要素

このようにハイパフォーマンスを得るためにフロー＝没頭が重要である、という考え方はあるようです。ただ、僕自身はハイパフォーマンスなんかどうでもいいんじゃないのかなと思っているんです。何も世界記録を出さなくても、没頭を使って「なんかつまらない」を忘れられればいいんじゃないかなと。それが本書の目的でもあります。

そこで「没頭の仕組み」をもう少し深く読み解いていきたいと思います。

チクセントミハイによって定義されたフロー体験＝「没頭」する

ための８つの構成要素ですが、並べてみると、実はこの８つはフェーズが少しずれているような気がするんです。

①　ゴールとルールがはっきりしていて、フィードバックが早いこと
②　目の前のことに１００％集中していること
③　無意識に体を動かしていること
④　自分というものをなくしていること
⑤　時間の感覚がなくなっていること
⑥　その場の状況を自分でコントロールできていること
⑦　その行動自体が目的になっていること
⑧　自分の持っているスキルと行為のバランスが取れていること

①と⑥と⑧は「没頭するための外的要因」であり、反対にそれ以

外の条件は、「没頭しているときの状態や結果」ですよね。

ですから「没頭する仕組み」について考えるときに重要なのは、①と⑥と⑧の3つです。

- **ゴールとルールがはっきりしていてフィードバックが早いこと**
- **その場の状況を自分でコントロールできていること**
- **自分の持っているスキルと行為のバランスが取れていること**

これらの条件について、もう少し深く考えていきましょう。

没頭するためには、「自分ルール」を作るべき

没頭するための条件である「**ゴールとルールがはっきりしていること**」には「なんで」というような意味づけは必要ないと先ほど言

いましたが、これってすごく大事なポイントですね。そこには合理性がなくてもいいいんです。〈テキスト何ページ終わらせるとか〉。そう、自分のルールで構わないんですよ。

ただそこで重要なのは、**それを自分が本当に信じられないとダメ、**ということ。

たとえばサッカーって、自分たちで決めたゴールという枠の中にボールを入れるゲームですよね。その枠のたった10センチ外側にボールが飛んだだけで、みんなものすごく悲しむし、10センチ内側に入った瞬間に国民全員が大喜びしたりするわけじゃないですか。これって結構すごいことだと思いませんか？　選手も観客も全員が、自分たちが「ゴールやルールである」と決めた約束事に従って、泣いたり笑ったりしている。

言い換えれば、ゴールやルールを明確に決めないと喜びも悲しみも生まれないということ。だから、自分にとってゴールやルールがはっきりしない状況に置かれた場合、自分でそれらを見つけることってすごく重要だと思います。

〈ルールを決めないと楽しめない〉。そうなんですよ。

だから**「没頭するためには、自分なりのルールを決める」**というのは、大切なテクニックのひとつ。没頭のためには「自分ルール」を作るべきなんです。

これに関してすごいのが、倉本美津留さんです。

今回の本を作るにあたって、僕がどうしても話を聞きたかった人の一人が倉本さんでした。なぜかというと、倉本さんの目標の立て方がものすごく興味深かったからです。

倉本さんは常々「ビートルズになりたい」と言っている。その話をどこかで耳にして以来、ずーっと気になっていたんです。それで今回、お話を聞いたわけですが、まずは「ビートルズになりたいって、どういうことですか？」と質問したら、倉本さんの返事はこうでした。

「吉田君、それ間違っているよ。俺は『ビートルズになりたい』んじゃない。『ビートルズを超えたい』んだ」。

〈カッコいい！〉。カッコいいよね！　カッコいいのと同時に、その目標を倉本さんは心から信じているわけです。で、そうすると、今、目の前で起きていることや自分がやっていることが「これはビートルズを超えるためにプラスのことなのかマイナスのことなのか」という判断基準が生まれて、退屈なことがなくなるんですよ。

これってまさに「自分ルール」だよね。

でね、ジョン・レノンが死んだときに、倉本さんがどう思ったかっていう話がまた素晴らしいんです。ジョンが死んじゃったから「しゃーない、俺がやるか」と思ったんだって。これは周りがどう思うかとは別問題なんです。自分がそう思えるかどうか。

たとえば今、〈絵を描いている時間は没頭している〉ってコメントしてくれる人が多いんですが、それって僕にとっては不得意な没頭の方法なんです。僕が絵を描くことに没頭できないのは、「こういう絵が描きたい」っていうゴールが思い描けないから。反対にプラモデルならいけます。「こういうプラモデルが欲しい」っていう完成図が自分の中で描けるから。これって「ゴールが明確」ということですよね。

「自分の中で完成図が書けるかどうか」というのも、その対象に自分が没頭できるかできないかを見分ける方法のひとつかもしれません。

成功か失敗か、一発でわかることには没頭しやすい

フィードバックが早いというのは、自分がやったことに対する結

論がすぐわかるということ。**「やったことが成功か失敗か、一発でわかること」**も、没頭するためには重要な条件のひとつです。

たとえばロッククライミング。手を伸ばした瞬間に、それが成功か失敗かがわかりますよね。ひとつ岩が掴めたらOK、また次が掴めたらOKというように、フィードバックがすぐに出る。基本的にエクストリームスポーツはどれもそうですね。行動の結果がすぐにわかる、というよりもそれが生命の危機に直結している。だから深い没頭に入れるのです。

これもまた聞いた話なのですが、医者の世界では、どの科の医師になるかによって、経験を積むことでスキルが伸びるか伸びないかの結果に差が出るそうです。たとえば内科医の場合、自分が患者を診て、その結果が出るまでに少し時間がかかりますよね。「この薬を飲んで、また2週間後に来てください」という感じのタイムスパンですよね。その2週間の間に余計なことをいろいろ考えたりもする。だから内科医というのは、もちろんその間に勉強して知識は増えたりしているとしても、一気にスキルが伸びるとは限らないんですって。それに対して外科医は、ほぼ確実に経験を積めば積むほどスキルが上がる。なぜかといえば外科医は「失敗したら人が死ぬ」から。手術をして、それが成功か失敗か、日々、明確なフィードバックがあるから、経験とスキルが比例していくんだそうです。

〈確かにスーパー内科医って聞かないもんな〉。そうですね。そう考えると、フィードバックの早さは、没頭できるかできないかだけでなく、スキルの差が出やすいか出にくいかということにもつながるのかもしれません。

ともあれ、没頭するためのコツのひとつは**「結果が得られるまでのスパンを短くする」**なんですね。勉強も100問全部を解いてから答え合わせをするよりも、1問ずつ答え合わせした方が集中できるということ。クイズと試験の差はそこにあるのかもしれませんね。

答えた瞬間に正解か不正解かがわかるクイズというのは、非常に没頭しやすいですから。

フィードバックの早さは没頭の条件

あるシステムエンジニアの方が没頭状態についてちょっと詳しく書いてくださったので、紹介しますね。

〈職業がソフトウェアエンジニアなのですが、私を含め周囲では「ソースコードを書いているとき（コーディング段階）は没頭している、しやすい」と感じる人が多いようです。条件としては「明確なゴール…①」「限定された分野」、「状況のコントロール…②」「行動そのものへの本質的価値」、「能力と課題の難易度のバランス…③」といったチクセントミハイ氏の提唱する条件に合致するところかと思います。企画・設計段階ではフロー状態に入りにくいのですが（①②③あたりがネック？）、タスクが細分化・具体化された製造（コーディング）段階では比較的容易にフロー状態に入ることが可能となります。（もちろん、急な電話応対等の外部刺激では解けてしまいますが）比較的ソフトウェア分野に限らず、エンジニアには共通した感覚で、たとえば「Ｈｉｎｔ」（著者が立ち上げたラジオ開発プロジェクトから誕生した次世代ラジオプレーヤー。家電メーカーのCerevoが開発に携わった）を作っているCerevoの方々にはご理解頂けるかと存じます〉。

ありがとうございます！　すごい！

企画立案の間というのは結構辛くて没頭しづらい。その代わりに仕様が決まって、その仕様に向かってプログラムを組み始めれば、あっという間に没頭できる、と。

プログラムも「今、プログラムを書いてみました。結果はまた明日」というスパンではなく、「プログラムを書く↓実行↓上手くいった！」というようにサイクルが短いのがいいんでしょうね。

フィードバックが早いものには没頭しやすい。これは、もうひとつの没頭するための要素**「その場の状況を自分でコントロールできている」**ということにもつながります。ソースコードを書いているときは、完全に自分で自分の作業をコントロールできますから、没頭しやすいのでしょう。

ゲームはその代表で、操作した瞬間に結論が出るので、自分がコントロールしている感覚が強く得られる。だから没頭しやすいんでしょうね。たとえばスーパーマリオをやりましょうっていうときに、「今、ジャンプボタンを押しました。さあジャンプで飛び越えられているかどうか、結果はまた来週」って。そんなゲームは結構キツいよね。少なくとも没頭はできないですよ。

行為は持っているスキルの4％上を目指す

没頭するために重要な要素の3つ目が**「自分が持っているスキルと行為のバランス」**。自分にとって、すごく簡単な行為は退屈してしまって深い没頭は訪れない。反対に、自分のスキルと比べてすごく難しい行為にチャレンジしても、不安が勝ちすぎて夢中になれないそうです。

〈将棋の上達はちょっと強い人とやるとよいって言うよね〉〈自分のできることよりもちょっとハードル高いことがいいのね〉。

そうなんです。そこで問題なのは、「ちょっとハードルが高い」の「ちょっと」ってどれくらい？　ということ。

エクストリームスポーツの世界では、**自分のスキルより4％難しいことに挑戦するとき**が、一番フローに入りやすいと言われているそうです。その状態を「フローの窓が開いている」＝「フローチャンネル」と呼ぶんですって。

〈それを探すのが難しい〉〈どうやって4％はかるんだ〉。

その通りですね。4％を知るためには、そもそも自分の能力がどれくらいかということをまず理解しておかなければいけませんから。エクストリームスポーツの人たちは、それがほぼわかっているから、彼らはより効果的にフローに入りやすい。

〈たった4％なのか〉っておっしゃる人もいますね。確かに4％って、できそうでできないギリギリのところ、という感じもします。少し背伸びが必要だけれど、絶対にできないとは思わない程度の難易度。その程度のチャレンジが一番没頭しやすい。

ゲームバランスっていうのも、そういうことなんだと思います。4％ぐらいの難しいことを次々と与える。多くの人が夢中になるゲームは、そのゲームバランスがよくできているんでしょうね。

〈自分のスキルを過信しなかったら大丈夫ってこと？〉。

いや、むしろ自分のスキルをちょっとは過信していてもいいんじゃないか、ということですよね。これならできそう、できるはず、と思ってやる。そうすると自然に４％上のスキルが身についていく。

没頭するためには４％難しいことをやらなければいけないということは、没頭を延々と繰り返していくと、スキルも上がっていくということですね。最初からスキルを追い求めてそれをやるとキツいんだけど、没頭を追い求めて行く分には、まず没頭すること自体が気持ちいいから、それほど辛くはない。そうやって４％ずつ難しいことをやっていった結果、エクストリームスポーツの人はいつの間にか80ｍの滝をカヤックで下ったりできるようになるわけです。

これって僕自身も一度、自転車のクロスカントリーをやったときに感じたことがあります。普段は街中を走っているので安全運転が第一なんですが、クロスカントリーはオフロードを走るので、もう

「無理無理無理無理！」というような段差なんかがある。で、なんだかんだで結構コケるんだけど、何回かに一回くらい、越えられちゃうことがあるんです。

自分でも理由がわからないけど、ああできた！ って。その瞬間は多分、没頭しているから、どうしてできたか理由はわからないんだけど、越えた瞬間はものすごく気持ちがいい。そんな経験をして、また街中に帰って自転車に乗ったら、自分が上手くなっているのがわかったんです。それで、へぇーっと思ったのはかなり鮮烈な体験でした。

〈チャレンジし続けると自らの能力が少しずつ上がるから、気づけばなんだかんだできるようになってくるのね〉。というか、普通、チャレンジって能力を上げるためにすることと思われがちだし、結果的にはもちろんそうなんだけれど、「成長のためにチャレンジしよう」って言われると、なんだかなあって思いませんか？ なんというか、J‐POPっぽいというか、綺麗ごとっぽいというか。

でもそうじゃなくて、「それをやったら没頭できるでしょ」という一点のためだけにチャレンジしたっていいと思うんです。

たとえばエクストリームスポーツで、何十mっていうクレバスをスノーボードで飛び越えることに成功した人が、次にハマるのが編み物でもいいと思うんですよ。その人が編み物の初心者だったら、そのときの能力としては、編み物能力はスノーボート能力より低いじゃないですか。だけど編み物がすごく楽しいのであれば、じゃあ次は4%難しい編み方をやってみよう、よしできた！　という行為は全く無駄なことではないし、それでいいんじゃないのかな。

「没頭しないと死ぬから」っていうレベルではなくて、もっと弱い没頭でも、それによって「漠然とした不安」や「なんかつまらない」が払拭できるなら、それでいいんじゃないかと僕は思います。

さて、ここまでまとめた「没頭しやすくなる条件」は次の3つ。

「自分なりのルールを決める」
「結果が得られるまでのスパンを短くする」
「自分のスキルより4％難しいことに挑戦する」

これらを踏まえて、さらに没頭するための方法について考えていきましょう。

3

「没頭」できる体を作る

「絶望」と「希望」と「没頭」

没頭するテクニックについて考える前に、石川善樹さんが教えてくれた話を紹介しますね。

ハーバード大学で人間の感情を研究している人たちによると、感情というのは「喜怒哀楽」だけではなく、全部で12種類に分けられるんだそうです。そして、その分類でいくと「希望」というのも感情なんですって。

さらに、それら12個の感情の中で「希望」だけが持っている面白い特徴がひとつあるそうです。それは**「希望という感情は絶望の後にしか現れない」**ということ。

絶望を感じたことのある人しか希望を持つことができない。ということは、大学4年のあの1年がなければ、僕は今、日々楽しく過ごせていないかもしれないわけだし、逆に今、何かに絶望している人たちには、この先に希望が現れるってことですよ。

僕は、希望は感情だと言われて、目の前がパッと開けたような気持ちになりました。なぜかというと、「希望」ってもっと即物的なものだと思っていたから。たとえば就職活動で第一希望の企業を決めるように「希望」って具体的な対象にしか持てないのだろうと思っていた。でも感情の状態の「希望」は、なんだかワクワクしているという状態でしょう。希望というステータスなんですよね。それって、ほぼ没頭に近いんじゃないかな。

J-POPなんかだと、「希望って素晴らしいよね、みんな！」みたいな印象論で終わるじゃないですか。そういう漠然とした希望ではなく、ステータスとしての希望の取り扱い方がちゃんとしていれば、ちゃんとワクワクできるはずだと思う。

ゲームクリエーターの桜井政博さんがこんなことをおっしゃって

いました。「ゲームって基本的に絶望から始まるくらいでいいんじゃないか」。例として挙げていたのが、ドラクエⅣの5章でした。主人公が住んでいる平和な村に突然魔物が現れて、村を全滅させてしまう。で、主人公は地下に隠されている間に、ガールフレンドが主人公に姿を変えて出て行って身代わりに殺されてしまう。そして主人公が外に出たときには、彼女の羽帽子だけひとつだけがそこに落ちていて、村は毒の沼みたいになっているという、多分、ドラクエシリーズでも屈指の絶望感だと思うんだけど、あれはそこから始まるから、印象にも残るし、面白いんじゃないかと。これも「絶望があるから、希望が現れる」と考えれば納得がいきますよね。

ともかく「絶望あっての希望」って、すごくいいなと僕は思う。そしてそれは、没頭するテクニックとも深く関係していたんです。

没頭するための3ステップは「不安↓開き直り↓没頭」

ここで、石川善樹さんが教えてくれた没頭（フロー）に入る方法を紹介しましょう。

①まずはストレスをかける（交感神経を働かせる）
②次に一気にリラックス（副交感神経を働かせる）
③目の前のやるべき行為に集中する

この流れはとっても重要で、これを利用すると人って没頭しやすいんだそうです。交感神経というのは興奮していたり緊張していたりするときに活性化する、基本的に戦う力ですね。それに対して副交感神経というのはリラックスするときに働きます。

たとえばプロ棋士の人たちは、対局前には緊張して交感神経のスイッチが入っているはずです。でも始まってしまったら、どちらにしても戦うしかないとわかっているので、開き直ってリラックスしている。その結果、将棋の一手一手に対して深く没頭していく。これってまさに、没頭（フロー）に入る流れそのものですよね。

不安というのはストレス、開き直りはリラックス。ですから、没頭（フロー）に入る方法は言い方を変えるとこうなります。

①不安↓②開き直り↓③没頭（フロー）

没頭するためには、この3ステップが必要なんです。「不安↓開き直り↓没頭」という順番でしか、没頭には入れない。これって「もうダメだ！」という「絶望」から、「やるしかない」と開き直ることで、「夢中になる」という「希望」が生まれているようにも思えませんか？

没頭するためには不安が不可欠。ということは、**今、漠然とした不安があるという人は、「没頭」するための局面では、すでにちょっと勝ち組なんです。**

不安は没頭への入り口である

〈昨日仕事で久しぶりに溶接することになって、最初、うわーどうしようと不安だったけど、やってしまえと開き直ってやったらさくっと終わった〉。これは見事に「没頭」のステップを踏んでますよね。

〈不安って経験不足ってことだよね。だから開き直りに逆に恐怖を感じる〉。これは逆に言えば、自分が不安に思うことの中にしか没頭はない、ということです。初めからどうでもいいと思っていることに関しては不安にもならないから、没頭もできないということ。

たとえば芸人さんたちは「ウケるかどうか不安」な気持を抱えてステージに上がっている。それは「ウケることに価値がある」と思っているから。以前に『なぜ楽』の中でも言いましたけど、コミュ症の人って「人と話すことに緊張する」「どうやって話していいのかわからない」と言うのですが、それは人と話をすることに価値があると思っているからなんです。人と話すことに価値を見出していない人は、そもそも人と話をするときに緊張しません。そこに重要性がないから、緊張せず普通に喋ることができるんです。

何かに対して不安だというのは、そのことを畏れ敬う気持ちの表れでもある。特定の人に好かれることに価値があると思っていたら、その人の前で緊張していていいと思うし、それが下世話な感情だとも全然思わない。すごくいいことだと僕は思います。

〈バグ回収しているときが一番集中できるかも〉という方がいらっしゃいますね。プログラマーからすると、バグがあるのっておそらく不安な状態ですよね。不安だけど、仕方ねぇやるか、という風に開き直って作業するから没頭できるのではないかな。

自分にとって価値があるものに対しては不安が生まれる。そして、そこに立ち向かわないと没頭は訪れない、ということです。

〈入試の結果待ちで超不安です〉。それって入試に合格することに価値があると思っているからでしょう？

〈本質的な価値を感じていないとね〉。そう。そういうことに対してじゃないと不安にはなりませんよね。

没頭につながるならば、不安に食い殺されずに済む

〈でも不安が大きいほど開き直るのって難しい〉〈不安とか怖さを

受け入れろってこと?〉。

僕は人間って不安に食われやすい生き物だと思うんです。でも、それが没頭への入口だと思えば、不安に食い殺されずに済むんじゃないかな。

「不安は没頭への入り口」と思えば、後はもう開き直るだけでいい。そう考えれば**不安や絶望を飼いならすことができるはず**です。

〈不安のない人なんているの?〉っていう人がいますね。僕は今、不安ってほぼないんですよ。ないっていうのは多分正確な言い方ではなくて、新しいことにチャレンジするときには上手くいかないかもしれないとは思うんだけれど、そこでストレスを感じながら、開き直って上手くいったときがものすごく楽しい。それを知っているから、不安に振り回されずに済むんです。で、それって没頭しているおかげなんだなと、今回いろいろな人に話を聞いてわかりました。

ただ、石川善樹さんによれば、現代人は自分にストレスを自分に与えにくくなっているので、没頭しづらくなっているんだそうです。不安があることをしていない時点で「没頭」からは遠ざかっている。そうするとどんどん安定の方向へは行くけれど、「ワクワク」からは遠ざかってしまうんですよ。

ここでもうひとつ、石川さんから聞いた希望についての面白い話をしてみます。希望っていう感情は気持ちがよくて脳が安心してしまうので、何かを達成するためにはあまりよくないんだそうです。希望を感じた後の、具体的な行動プランを持っておかないと、絶望状態から希望を感じた段階で脳が気持ちよくなってしまってそこで終わり、というパターンに陥ってしまう。これを**「偽りの希望」症候群**と呼ぶそうです。

人間というのは絶望しているときには高い目標を掲げがちで、それが希望という感情につながりやすい。たとえば太っている人は一気に5キロ10キロ痩せようと思うので、その結果、「痩せたら自分がすごく変われるかも」という希望が湧いてくる。この大きな目標へ向かうときのギャップが希望になるそうです。それが気持ちいいんだけれど、目標が大きい分、達成するのが難しい。だからといって痩せるために「今日からご飯を一口だけ減らそう」とは思わないんですって。なぜなら目標が小さいと、希望につながりにくいから。結果的には後者の方が達成する可能性は高いのに。

ただ、僕は「偽りの希望」でも、「没頭」に入ればいいと思うんです。僕が見つけたいのは、何かを達成するための方法ではなくて、「上機嫌」で生きるための方法だから。

「開き直り」だけが行動

「不安が没頭への入り口」ならば、後はもう開き直るだけ。とすると、重要なのはどうやって開き直りのスイッチを入れればいいか、ということですよね。

ここであらためて**「不安↓開き直り↓没頭」**という流れを見てみると、不安と没頭が自然と訪れるものなのに対して、開き直りは基本的に自分で起こさなければいけないことに気がつきます。不安と没頭が「状態」なのに対して、開き直りだけが「行動」なんです。

つまり一番、意識的にできること。

〈そっか、私は開き直りができないからフローが体験できないのかな……不安止まり〉っておっしゃってる人がいますね。不安止まりって、嫌ですよね。でもね、不安を持っているあなたは、もう最初の一歩は踏み出しているんです。

そこで、不安からどうやったら開き直れるのか。問題はそこです。

あるスーパープログラマーの人と話していたときに、「そのスキルってどうやって磨いたんですか？」と聞いたら、彼が「やらなきゃ死ぬからだよ！」って言ってたんです。前章でお話ししたエクストリームスポーツの選手も「そうしないと死ぬから」フロー状態に入っている。

僕の場合、アナウンサーの仕事を始めた直後は、日々、超絶不安でどうにもなりませんでした。その中で開き直っていけたのは、やっぱり「やらなきゃ死ぬ」と思ったから。エクストリームスポーツのようにリアルに生き死にに関わるわけじゃなくても、「やらなきゃ死ぬ」という感覚は最高の開き直りポイントなんですよ。

本当に自分が大切だと思うことに対してしか不安は生まれない。そして、それくらい本気になれることじゃないと開き直れない。だから、**没頭するためにはまず自分にとって本当に大切なことを見つけるのが重要**ということですね。

お母さんに「勉強しなさい」と言われるとやる気なくなる問題

これって僕がずーっと心から気になっていた問題です。

「お母さんに勉強しなさいといわれると、やる気がなくなる」のってなぜだろう。

〈あるある〉〈わかるわー〉。でしょう。

これに関して、倉本美津留さんがこんなことを言っていたんです。

「ここでいう、お母さんとは常識のことである」と。

そのときの言葉をちょっと引用させて頂きます。

「『当たり前』というのは人が決めたことなので、言うたら『命令』なのよ。『これを当たり前だと思え』という命令。それってお母さんに『勉強せえ！』って言われているのとすごい近いと思う」。

当たり前＝常識。常識に囚われた「やるべき」ことをやっていても、多分全然楽しくないんです。いろいろ考えて、結果的に「常識」と同じ結論に達するのはいい。だけど、とりあえず「常識」とか「当たり前」と言われていることってたくさんあるじゃない。何も考えずそれになんとなく従っていたら、本当にやりたいこととか大事なことって見つからないんじゃないかな。そして、没頭からも遠ざかっていく。

〈「でもみんな言っているし」〉。そうそう、それは禁句だよね。

もちろん自分のやりたいことをお母さんが「いいと思う」ことだってあるでしょう。たとえば、すごくやりたいことが勉強だっていう人もいるはずです。中学生でも法律が世界で一番気になることだったら、法学の勉強を始めればいいんですよ。逆に「それは大学に行ってからやるもの」という常識に囚われる理由はない。

チクセントミハイの『フロー体験入門』の中に、とても貧しい家庭に生まれて、誰も彼が大学へ行くなんて思ってもいなかった人が奨学金を受けて進学し、最終的にノーベル化学賞を獲った、という話が出てきます。その人も単に興味があるという理由だけで、図書館に行っては鉱物の本なんかを借りて読んでいたりしたそうです。それが没頭につながり、ノーベル化学賞という結果を生むことになった。この話で本当に大切なのは、「それが彼自身にとって一番意味があった」ということです。

「ビートルズを超える」というすごすぎる目標を、どうして倉本さんが持つことができたのか。お会いしてみてわかったのは、**途方もなくても、自分にとってものすごく腑に落ちる目標を持てればそれでいい**ということでした。

途方もない目標を持つときって、まずは自分の中の常識、自分の中のお母さんが「そんなの無理」というじゃないですか。お母さんは絶対に「ビートルズを超えなさい」とは言わないですよね。そんな**「これを当たり前だと思え」**という命令よりも、**「自分ルール」を大事にするのが、没頭への第一歩**なんです。

〈価値なんてなくても、他人には無意味でも、それをやらなきゃ自分が息ができないから。理由なんて、そんなもの〉。

ああ、いいこと言いますね。本当にそうです。

じゃあ、どうすれば全ての人がそういう風に思えるようになるんだろうって考えると、まずひとつは、倉本さんみたいな人がいると知ることですよね。そうすれば、自分の目標だって、どれぐらい途方もなくてもいいと思える。

倉本さんは「言葉遊び」に関しても、自分で辞書を作ってしまうくらいの専門家なんですが、「wonderful」という言葉について、こんな面白いことも言っていました。

素晴らしいという意味の「wonderful」という言葉を分解してみると「wonder」と「full」になる。要するに「不思議なこと

（wonder）がいっぱい（full）」なのが「素晴らしい！」なんですと。「当たり前が当たり前ではないということ＝不思議。その感覚をいっぱいにするということが『wonderful＝素晴らしい』だとしたら、そういうことをできるだけたくさん感じることが、不安から解放されるっていうことなのかなというような気もする」。

なるほど、と思いませんか？

自分だけの「違和感」を突き詰める

もうひとつ倉本美津留さんが言っていた、すごくカッコいい言葉があります。

「みんな、自分の魂をもっと使えよ」。

カッコよすぎるくらい、カッコいいですよね。でもこれって「wonderful」の読み解きと同じで、「自分の中の違和感だったり、不思議だなと感じるものをもっと見つけようよ」ってことなんですよ、多分。

魂っていうとちょっとカッコよすぎというか、ややこしいけれど、「変だな」とか「不思議だな」と感じることって、日常の中にありませんか？「なんでこうなんだろう」と思うこと。魂って、その違和感のことなんだよね。**自分が違和感を感じるものが、魂のあるところ**なんですよ。

そして、人間って一人ひとり、違和感を持つところも違うはず。その**違和感を突き詰めてもいいと自分で思えるようになること**が、没頭力をつけるために一番大切なことなんです。

たとえば僕が今、どうしてこんなことをやっているのかというと、冒頭で述べた、18歳のときに「日本は天国だ」と言った予備校の先生の一言を強烈に覚えているから。これも僕なりの違和感で、カッコよく言えば魂を使っていることになるわけでしょう、きっと。

「自分の魂をもっと使えよ」というのはつまり、まず「変だなと思うこと」を持つことです。それって、ポジティブなことでもいい。「なんで渡り鳥はあんなに長いこと飛べるんだろう」っていうようなことでもいいわけですよ。

そういえば最近聞いてすごいなと思ったんですけど、なんだか元気がでないときに一番効くのって、鶏の胸肉のスープなんだって。鶏の胸肉の部分にはスタミナの原料となる成分が大量に入っているから。栄養ドリンクなんかを飲むよりも鶏の胸肉のスープを飲んだ方がいい、ということを科学をやっている人から聞いてですね。へぇー、と思ったんですよね。

〈常にはてなマークをつけろってこと?〉。そうだね。はてなマークをつけて、そこに突っ込んでいくことが大事。はてなマークだけだと不安で終わっちゃうから。

なんでこうなんだろうと思うこと。そして、なんでこうなんだろ

うに突っ込んで行くこと。それは不安かもしれないけれど、どんどんやればいいじゃないということなんですよ。

仲間外れではなく、仲間集めをしよう

人と違っていることが怖かったり、不安に感じる人って多いと思います。むしろそれが不安で、自分の違和感を表明することを止めている人も多いと思うんですよ。だから倉本美津留さんが「もっと魂を使え」って言いたくなるんだよね。

でも、「これを変だと思っているのって自分だけかな」と思い続けているのだって、すごく嫌じゃないですか？　しかもそれって大きな不安だと思うんです。

倉本さんが言っていてなるほどと思ったのは、「仲間外れが怖いからみんな、自分の違和感を口にしないんだろう」ということ。確

かに仲間外れは怖いじゃないですか。でも倉本さん曰く「そうじゃない。**必要なのは仲間集め**なんだ」と。

これとほぼ同じような言葉を、甲本ヒロトさんから聞いたことがありました。実は僕、自分より上の世代の人を羨ましいと思ったことがほとんどないんです。バブル世代の人たちって景気もよくて人生謳歌していて楽しそうだったねと言われたりするけど、そうかな？　あれって結構空虚だった感じしない？　と思って、全く羨ましくはなかった。ただ、甲本ヒロトさんだけは羨ましいと思うんですよ、すごく楽しそうに見えて。だから、お会いしたときに「どうしたらそんな風になれるんですか」と聞いたら、「別に何も」っていうんです。「自分で楽しいと思うことをずーっとやっていて、ふっと横を見ると、そのとき隣に誰か立ってるの」って。

〈イヤーカッコいい！〉、でしょ。もちろんこの台詞って、甲本ヒロトさんじゃないと絵にならないとは思うんだけど、確かに彼の横には真島昌利さんがいたわけじゃないですか。〈横に誰かが立つまでやっただけのような〉。そういうことでもありますね。でも、それを彼の時代にやるのは本当は大変だったはずなんです。でも、彼は自分が楽しいことをずっとやり続けた。「これを言ったら、人からおかしいと思われるかな」ということを口にできないのは、カッコよく言うと**自分の魂の奇形が怖い**んです。変わった人だと思われてしまうのがすごく怖いと思って不安なのかもしれないけれど、本来は一人ひとりが考えていることや感じていることって違うはず。

たとえば僕はファッションにあまり興味がないので全く気になりませんが、ファッションが気になる人って、きっと「あの人の襟の形が気にくわない」とか思っているわけじゃないですか。逆に僕は誰かが喋っているときに、この「てにをは」はないな、と密かに思っていたりします。ここは別の言葉で表現して欲しいな、とかね。

別に大したことを話していなくても、気になることがある。

これって結局は一人ひとり「魂の形は違う」ということ。だから、仲間外れが怖いから言わない、じゃなくて、むしろ自分の魂の形を表明して、似た形の人を探せばいい。それが倉本さんの言う「仲間集め」だし、甲本ヒロトさんがずーっと好きなことをやっていれば誰かが横に立っていた、ということなんです。

ネットというのは、人との違いを肯定できる場所

とはいえ昔、正確に言えばネットがこれほど広まる以前の社会では、仲間外れが怖いというのも、ある種、仕方なかったと思います。なぜかといえばその時代は、人が一生で知り合う人の数が、いいところで数百人程度だったから。

ただし、今は社会が複雑化し、さらにインターネットが発達して

います。昔と違って、今あなたが知り合える可能性のある人は数千万人、数億人いるんですよ。昔はそんなことはまず無理でした。人と人との関係は、ネットの登場によって大きく変わったんです。

〈これには私も同感。ネットがなければ自分で解決できなかったことが、たくさんあります〉。

そう。僕、ネットの一番すごいところは「人と違うことを言ってもいい」ことだと思うんです。それによって「人と違っていても大丈夫」って思えるし、その結果、「人との違いを肯定できる」。ネットって本来そういう場所であるはずです。人生で何百人としか知り合えないような時代には、人と違うことを考えると、多くの場合ただ排除されてしまっていた。排除しないと社会が上手く回らないから強制的に排除されがちだったんだけど、今はネットがあるからどんなに変わったことを言っても仲間が見つかる。多分、それがネットの本質的な存在意義じゃないでしょうか。

たとえばセクシャルマイノリティの人たちって、ネットの登場以前と以降で生きやすさが全然違うんじゃないかな。ネットって「仲間集め」には最適なツールなんです。

再び倉本美津留さんの話ですが、皆さんご存知の通り、倉本さんは最強の放送作家でもあるわけです。でね、これは今回のテーマとはちょっと外れるけど絶対聞きたいと思って質問したことがあります。それが「面白くない人を面白くする方法はありますか？」。

さて、倉本さんの答えはこうでした。すっごくシンプル。

「人と違ったことを言え」。

〈えぇー!?〉って言うけど、人と違ったことって、確かにそれだけで面白いんですよ。たとえば以前、週替わりで『オールナイトニッポン』のパーソナリティを芸人のエレキコミックがやってくれたことがあったんです。普通、ラジオ番組をやったときって、大抵の人は「あっという間だった！」とか「短ーい」って言うものなんですけど、エレキコミックのやついいちろう君はエンディングで「いやぁー長かった！」と言ったんです。それを聞いて僕は、さすが面白いなあと思いました。

テクノロジーもそうですよね。毎年、ラスベガスで開催される革新的テクノロジーの展示会であるＣＥＳ（コンシューマー・エレクトロニクス・ショー）も、ものすごく面白いです。前回行ったとき、あるメーカーが冷蔵庫を出品していて、「この冷蔵庫は他と何が違うんですか？」と聞いたら、「windows10を積んでいます」って予想もしない答えが返ってきて、なんて面白いんだ！　と感動しました。しかも「Android版もあります」って。こんな風に「当たり前」を覆すようなことって、最高に面白くないですか？

違和感を否定されない環境が面白いことを生む

〈人と違ったことを言うじゃん。それもうすぐさま否定されるんだが〉っていう人がいますね。確かに、ちょっと人と違うことを言うと「はぁ～?」って否定する人、いますよね。それが本心からの言葉じゃなければ、否定されても「じゃあいいか」と引っ込めればいいと思いますが、本当に心の底から思っていることだったら、否定されたからといって「だから何?」でいい。それを変える必要はない、というか、変えちゃダメなんですよ。

僕は仕事柄、人に話を聞く機会が多いんですが、どんな分野でもハイパフォーマンスを出している人に共通しているのは、周囲の誰かが変わったことを言った瞬間にそれを否定せず、「え、なんでそんなことを考えるの?」と、その発言に興味を持つことです。ちゃんとした知的集団というのは大抵、開き直ろうとしている人とか違和感を出す人のことを、むしろプラスに捉えるんですよ。

だから人と違うことを言って否定されるのは、あなたが悪いのではなく環境が悪いんです。人と違うこと言ったときに「えぇー、なんでなんで?」と興味を持ってくれる人がいるところには、何かが育ちます。だから、なるべくそういう場所を探してそこへ行けばいい。変人が変なことをやっていると矯正するような会社って、先につながる可能性がないと思うんだよね。

そして、逆に言えばあなた自身も他者にとっては環境です。だから基本的なルールとして守るべきなのは、「人が新しいことを言い出したときに否定しない」ということ。「えぇーそれ違うじゃん」と言わない。仮に自分はそう思わなくても「ふーん」って言っておけばいいいいんですから。

ひきこもりはニコ生をするべし!

ネットの話が出たところで、斎藤環先生からお聞きして、すごく面白かった話のひとつをしましょう。

斎藤先生が研究テーマにしている「ひきこもり」。彼らをそこから脱出させるのってとても難しいんだけれど、唯一、効果的だった手法がひとつだけあって、それがなんと「ニコ生」なんですって。「ニコ生」をすることで、ひきこもりから脱した人を3人、斎藤先生は知っているそうです。

ひきこもりの人って、結局は世間体に縛られているから外へ出ていけない。仮に自活の方法が得られても、それがいつまた失われるかわからないという恐怖があって、安定した幸福に達するためには、就職して、結婚して、子どもができてやっと少し安心する。それくらい固定観念が強いんだそうです。言い換えれば、いわゆる「普通」でいることが彼らにとってはとても大切だから、そうじゃない自分を「不安」に思うわけですよね。

そして、ひきこもりを脱するためのプラスの感情を与えてくれるのは、最終的には「他者」。自分の中のポジティブな部分を引き出したとして、それを強化するためには他者の担保がどうしても必要になる。

そこで「ニコ生」です。

「自身の感情を『ニコ生』でさらけ出して、それをみんなが承認してくれるというのは、かなりポジティブな力が強いんですよ。生身の人間関係以外で、ひきこもりの人が多少なりとも自己肯定感を修復できるメディアというのは、本当に『ニコ生』しか僕は知らないですね」。

そう斎藤先生はおっしゃっていました。

確かに「ニコ生」のフィードバックがすごくよくできているということは、僕自身も実感します。ちゃんとしたこと――社会に受け入れられるような意味のあることや、きちんとした価値観に基づいた話をすると、それに対してちゃんとプラスのフィードバックが返ってくる。でね、反対につまらないことを言ったときには、基本みんなスルーなんですよ、「ニコ生」という環境って。それがいいんです。

たとえば今、僕がやっているこの「ニコ生」を見てくれている人たち。僕が何か納得いかないことを言ったとしたら、そのときにコメントでわざわざ反論する？

〈チャンネル変えるかも〉〈来場者数0〉。でしょ。

逆にさっきから僕が何か意味のあることを言ったら、みんな、ちゃんとリアクションしてくれている。僕が「ニコ生」をやっていると没頭しやすくて、いろいろな形でずっと続けているのはそのせいです。

〈スルーとフィードバック〉。そう。「ニコ生」はわざわざ攻撃コメントをしない。酷いことやつまらないことを言ったら、みんな黙っていなくなる。

「そっ閉じ」という言葉があるように、つまらなければ「そっと閉じる」んですよ。アンチがいたとしても「そっ閉じ」が多いし、もっと言えばアンチのコメントに関わり始めると、普通の人が減ってしまう。

〈生放送だとすぐ反応があるからいいのか〉。フィードバックの早さですね。だから没頭しやすいという面もありそうです。

ひきこもりの人が「ニコ生」で後ろ向きなことをずーっと言っていると、見ている側は「そっ閉じ」する。でも何かプラスの発言があると、即、プラスのフィードバックがある。しかも「ニコ生」はこちらの言葉に対して同時に複数のコメントが返ってくるから、コミュニケーションが多重化してきて一対複数の関係になれる。その中で自分が主役を張っているという感覚が生まれ、それがある種の自信につながるんだそうです。

他者、しかも身内とかではない完全に外部の他者からの肯定が、世界や自分の肯定につながって、外に出てこれるようになる。これは斎藤先生の慧眼ですよ。「ひきこもりはニコ生をやれ!」。〈さらけ出せばいいの?〉。そう、さらけ出したときにプラスのフィードバックがくるということを経験していくといいんじゃないかな。〈俺もやってみようかな〉っていう人もいますね。そうだよ。やってみていいと思うよ。

「やれ」と言わないモチベーショナル・インタビュー

この「プラスの感情にだけプラスのフィードバックがあって、マイナスの感情はスルーされる」という「ニコ生」の作法に近いものとして斎藤環先生が教えてくださったのが「動機付け面接(モチベーショナル・インタビュー)」という手法でした。しかも、このモチベーショナル・ルインタビューというのは、なんと「お母さんに勉強しろと言われるとやる気がなくなる」仕組みを利用した手法なんだそうです。

「人間というのはやれと言われたらやらない動物である」という大前提に立って、そこを乗り越えるための手法。人はそもそもそういう生き物で、「やれ」と言われてもやらないけれど、かといって「やるな」と言ったらやるわけでもない。だから説得は無意味だし、議論も無意味だと。じゃあどうするかというと、とにかく相手を喋らせるんですって。そしてプラスの言葉が出てきたら頷いて、マイナスの言葉はスルーするという反応を繰り返す。そうすると、次第に本人の中に眠っているプラスのモチベーションの言葉が出てくるので、その断片を拾い上げて、プラスの部分を強化していく。それがモチベーショナル・インタビューの基本的な手法だそうです。まさに「ニコ生」と同じですね。

この手法、もとはアルコールを止めるためのプログラムから生まれたもので、お酒を止められない人も、勉強したくない人も、心の中ではみんな、葛藤しているんだと。葛藤しているというのは、プラスとマイナスの感情が心の中にあるということ。勉強しなきゃいけないという気持ちと、したくないという気持ちの両方を必ず持っているんです。そこで、とにかくいろんな方法で葛藤の言葉を引き出す。悩んでいることを自覚させて、なおかつ自分の中にプラスの動機が眠っていることを上手く引き出していく。それを丁寧な手続きで、時間をかけてやっていくと、最終的には断酒に成功したり、やる気を引き出したりできるというんです。

その動機付け面接のトレーナーでもある精神科医・行動療法士の原井宏明先生にもお話を聞きました。原井先生は強迫観念のある患者さんをたくさん診ていらっしゃるんですが、そこで面白いなと思ったのが「エクスポージャー」という手法。「認知行動療法」という心理療法のひとつで、たとえば不潔恐怖症などで嫌なものを避けている人に、便器などを手で直に触らせたりするんですって。〈いやあああああ！〉って言ってる人いますけど、そうですよね。そんなの僕らだって嫌じゃないですか。当然、不潔恐怖症の人からしてみれば、死ぬより嫌なんですよ。

さらに、「儀式妨害」と言って、そのままの手で食事もさせるのです。現代日本では赤痢とかコレラとかはないのはわかるけど、普通の人でもO－157とかになるんじゃないかと思いますよね。不潔恐怖症の人だったら、そのときの服では家には帰れない、家族にも病気を移したらどうなる？　と思って治療を受ける自分を責めたりもするらしいです。

でね、そのときに大事なのが「触っても死なないから触って」というように、相手を説得しようとしたり論破したりしないことなんだそうです。じゃあどうするかというと、とにかくただ「触ってみよう」と誘う。彼らはすでになんらかの精神的なトラブルを抱えていて、その結果、不潔恐怖症になっていて、入浴時間が12時間とか、手洗い一日500回とかになっているわけだから、いまさら説得しようとしても意味はない。だから、ただ「触ってみよう」と言うだけ。先生自身もやってみせるそうですが。もちろん患者さんたちは「そんなことやったらヤバイじゃないですか」とか「無理です」と言うんだけれど、そこで反論する必要はなくて、ずっとうん、うんと聞いているだけなんだって。そうすると彼らも最終的に自分の中で心を決めて、「触ってみなきゃいけないような気がする……」と言ってパッと触れる瞬間がくるんだそうです。もちろん、号泣しながらだったりするらしいんだけれど。

これってまさに「不安→開き直り」の過程ですよね。

自分が抱いているのが何に対する不安なのか、ということをちゃんと整理できれば、それでも自分は自分でいいんだと開き直ることができる。そのためには、自分の中から出てくるプラスの言葉を拾い上げ、マイナスの言葉はスルーして、プラスの方を強化していけばいい。

ひきこもりを外へ引き出す「ニコ生」や、モチベーショナル・インタビューの手法は、没頭しやすい体になるためのヒントになるんじゃないかなと思います。

自分なりに「開き直る方法」を見つける

『嫌われる勇気』の岸見一郎先生に話を伺ったときにこんなことをおっしゃっていました。**「不安」というのは「決めていない」ということである。**これ、確かにその通りだなと思いました。不安という感情って、未来のことを考えたときにしか生まれてこない。過去はもう過ぎてしまったことだから、そこに不安という感情は生まれないんです。だって今、「応仁の乱が起きたらどうしよう」って、不安にはならないですよね。でも、未来はまだ決まっていないことだから、不安になる。

①不安→②開き直り→③没頭という流れの中で「開き直り」だけが行動である、と先ほど言いましたが、「決める」というのも行動。そもそも「開き直る」というのは「決断」でもあるので、結局、**不安から没頭へたどりつくには行動しかない**、ということです。

最近聞いた話ですごいと思ったことなんですが、ダルビッシュ選手ってね、今の自分のことを「40歳までダラダラと過ごしてしまって『あぁ、あのときもっとああすればよかったのに！』と心の底から後悔をしたときに、神様にお願いしたら20歳に戻してもらえた野球選手だ」と思って活動しているんですって。そうすると毎日感謝しながら野球ができる。いつでも「最高だ！」と思いながら野球をしているという話を聞いて、すごいなと。

これを聞くとダルビッシュ選手のすごさって、もちろん優れた筋力や感覚を持っていることもありますが、何よりそのメンタルだということがわかります。しかも、これってものすごい「自分ルール」であり、「不安→開き直り」という「没頭」につながる流れを自分で工夫して作っているともいえるんじゃないでしょうか。

エクストリームスポーツでもね、たとえば切り立った雪山をスノーボードで下りる人たちって、以前は山の頂上までヘリコプターで登っていたんですって。でも、それではフロー状態に入るのが遅れてしまうから、最近は自分で死にそうな思いをしながら雪山を登って頂上まで行くんだそうです。そうすると滑る前にすでにフロー状態に入っていられるから。だから、わざわざそれをやる。これって、究極の開き直りですよね。

これらは極端な例ですが、没頭によって最大限の力を発揮することが必要な分野のプロは、成り行きにまかせるのではなく、それぞれが自分なりに「開き直る方法」を身につけていることは間違いないでしょう。

マインドフルネスは開き直る方法のひとつ

ところで最近、ビジネス本などでよく使われている「マインドフルネス」という言葉、聞いたことがありませんか？

〈呼吸を通じた瞑想〉〈禅にエビデンスが加わった感じ〉。なるほど。〈マインドフルネス検索すると危険って出た〉という人もいますね。

まあ、いろんな見方がありますが、簡単に言うと「今ここに意識を集中すること」です。つまり未来のことも考えず、過去のことも考えないで今ここに集中し、「今の自分は何を感じているんだろう」ということを、完全に知覚しようとするのがマインドフルネス。

でね、没頭について考えていて気がついたんですが、マインドフルネスっていうのも、結局は開き直るための方法のひとつなんですよ。

不安なときに「落ち着け！」って言われても、「簡単にできるか！」って思いますよね。そこで開き直る方法として、ゆっくり呼吸をして、たとえばそこにある一粒のレーズンを食べてその味をギリギリまで感じてみよう、といったことをしてみる。そうすると未来や過去のことから思考が離れて、とりあえず「今ここ」だけを考える状態になります。これがマインドフルネスです。

そう考えるとマインドフルネスもまた「不安→開き直り」のための行動といえますよね。マインドフルネスがこんなに流行っているのは、なんだかんだ言ってみんな、本当はもっといろいろなことに没頭したいと思っていて、そのための開き直る方法のひとつとして、これが非常に有効な手段だということを無意識にわかっているからかもしれません。

「没頭」を無理に探すべからず

〈意味のある没頭と意味のない没頭を別にしないと〉って書いてくれている人がいますね。でもね、僕がこの本で言いたいのは、「没頭することとそのもの」の力についてなんです。意味があろうとなかろうと、関係ない。

倉本美津留さんが言っていたことでもうひとつ、いいなと思ったのが**「趣味を探すな」**。たとえば自分が会社の重役になったとします。そこで始める趣味として、ゴルフなんてちょうどいいよね。でも、それって多分「意味」に引っ張られているだけで、ゴルフに対して本気じゃないんです。逆に、本気で取り組んでいることを趣味って言わないですよね。

没頭に意味を求めてしまうと、それは「自分探し」になっちゃうんです。没頭は**「自分探し」ではない。ただ「自分の気持ちいいこと探し」**ではある。

〈よっぴーの話を聞いていると、意味を考えるのがよくないことのような気がしてくる〉。

違う違う、逆です。意味がわからないけど気になることを、自分にとってここに意味があったんだというところにぶち当たるまで掘り抜いてくださいという話です。

僕がこんなニコ生をやっていることを「こんなの意味がない」と考える人だっていると思います。「何やってるんだ、あいつ」と言われたらその通りなんだけど、僕はなんとなく退屈だとか、理由はよくわからないけどなんとなく楽しくないぞ、と思って人生を送るのが嫌なんです。だからそれに対する解決法になるかもしれない「没頭」という、自分で考える価値があると思ったことについて徹底的に考えたい。だから、このニコ生もすごく楽しいんですよ。

さて、ここまでの話を一旦、まとめてみましょう。

・没頭するためのステップは「不安↓開き直り↓没頭」である。
・不安は自分にとって本当に価値があるものに対してしか生まれない。
・自分にとって本当に価値があるものを見つけるためには、「当たり前」という常識から離れて、自分の中の違和感を明らかにすることが大切。
・そしてその不安を認めて、開き直らないと没頭は訪れない。
・開き直るために効果的なのは、自分の中のプラスのモチベーションを強化すること。

といったところでしょうか。

ここまでの話は、基本的には強い没頭に入れるようになるための、いわば体質改善についてのお話です。そして、最初の話に戻りますが、今、すでになんらかの**不安を抱えている人は、すでに没頭への一歩目を踏み出しているん**ですよ。

4

「没頭」するテクニック

日常的にある小さい没頭

ここからは、もっと具体的に「没頭」するための方法を考えていきたいと思います。

『フロー体験入門』（46頁）によれば、典型的なドイツ人に「フローに入れるかどうか」の調査を行ったところ、結果は次のような数字だったそうです。

フローに入れる人……23％
時々入れる人……40％
めったに起きない人……25％
一度もない・わからない人……12％

40％近くの人がフローに入っていないんですね。これはちょっと意外でした。

〈そんなに少ないのか〉〈ちょっと信じられない〉〈入れる人間からすると意外すぎるね〉。確かにそうですね。

一方、〈私もわからない〉〈わかりそうでわからない‼　フロー状態の感覚がまだ意味掴めない〉、っていう人もいますね。そういう人たちが、「没頭」できるようになるための体質改善の話を前章でしてきました。

ただ、それこそエクストリームスポーツのアスリートのように、強烈な没頭というのはなかなか日常の中では感じにくいもの。そうではなくて、日々の生活の中で2万ユニットの、いわば「小さい没頭」を積み重ねることで、「ワクワクして目が覚めて、夜満ち足りて眠る」人生を送れるのではないか？　だったらその方法を探していこう、というのがこの本の主旨です。

これは石川善樹さんに聞いた話なのですが、たとえばカフェで誰かとお茶をしている状態も、「弱い没頭」なんだそうです。なぜなら「人の話を聞くのはストレス、自分が喋るのはリラックス」だからなんですって。ちゃんとキャッチボールができている会話は「不安（ストレス）→開き直り（リラックス）→没頭」という流れに乗っているんですよ。

そう考えると、会話していてものすごく楽しい人になることを目指していくのも、「没頭」につながるのかもしれません。人と話しているときに意味のあることを言いたいと思う。それも会話に没頭するための、いいストレスになるんでしょう。

〈いま、ドッカンドッカン笑わせたろうと思ってコメントしている〉。

それもいいですね。ニコ生って、ちょっと面白いコメントを書こうと思って見ていると、没頭しやすいかもしれません。

「没頭」サミット

それではちょっと皆さんに、自分が「没頭すること」を聞いてみましょうか。いや、もう少し具体的にいこう。

「皆さんが楽しすぎて30分間、時計を見るのを忘れるくらいに集中できること」って、なんですか？

〈プラモデルにやすりがけ〉〈部屋の掃除〉
〈釣り〉〈潮干狩り〉〈文字起こし〉〈風呂掃除〉
〈写真を撮ること〉〈球体関節人形の髪をすいているとき〉
〈ランニング中も没頭している〉〈鍋をピカピカになるまで磨く〉
〈ギターのチューニング〉〈サーキットでバイクレース〉
〈デザイン作業〉〈囲碁〉〈煮物の仕込み〉

〈キーボードの掃除〉〈編み物〉

なるほど、人それぞれですね。

でもね、これらの全てに共通することがひとつだけあるのに気がつきました。どれも「体を動かしている」ということ。

テレビを見るとか行列に並ぶとか、受け身の動作は「没頭」を導かないと言いましたが、やはり「没頭」するためには、体を動かすのが近道なんですね。

「不安↓開き直り↓没頭」の中で、「不安」から「没頭」に移るときの開き直りの手法。その一番簡単な方法が、「体を動かす」なのかもしれない。

特に両手を動かす行為は没頭しやすい気がします。

〈今プログラム書いているけど確かに没頭するね〉。

スマホを操作しているときは、プログラミングに比べるとあまり没頭しない気がするのは、片手しか使わないからじゃないかな。〈ドラマーだけどかなりフローしてる〉。

ああ、楽器の演奏に没頭するのはわかりますね。〈非同期性があるのがいいんじゃない〉っていうのは、右手と左手で違うことをするということかな？　確かにピアノも没頭しそうです。

掃除関係も多いですね。掃除だったら、掃除機をかけるより雑巾の方が没頭するな、きっと。雑巾の方が「拭けた！」という感じで結果が明白だからでしょうか。

ただしこういう作業って、単に「作業をせよ」と言われてやるのではなく、この作業はこういう全体の意味があるものの中の一環であるということを認識してすることが大切で、それが没頭にもつながるような気がします。

要は本気になれるかどうかですね。本気で「このお鍋をピッカピカにしたい」と思って磨いているときはおそらく没頭なんですけど、「なんで自分がこれを磨かなきゃいけないの」って感情で磨いていても、没頭しにくいんじゃないかな。

「没頭」へ向かう「べし」のメソッド

ここで具体的に「没頭」するために実行することをおすすめしたい、「べし」のメソッドを、いくつか挙げてみます。

①楽しいと思ったことを書き出してみる

これもまた『フロー体験入門』からの引用になりますが、ある慢性の統合失調症の女性が、「1日のうちで楽しいと思ったことだけ書き出しなさい」と言われて、自分の爪の手入れをしているときが楽しいことに気づいたんですって。そこで彼女にプロのネイリストの職業訓練を受けさせてみたら、すごく熱心に学ぶようになって、他の患者さんの爪の手入れをしたりもするようになった。その結果、きちんとネイリストとして自立して社会復帰を果たしたんだそうです。

これは「モチベーショナル・インタビュー」とも通じますね。自分が楽しいこと、プラスのモチベーションを書き出して、強化していく。

なんとなくつまらない、と感じている人も、その日一番楽しかったことを毎日書き出してみることで、自分にとっての没頭の入り口が見つかるかもしれません。

②まずは手を動かす＝行動すること

皆さんに聞いた「楽しくて30分間集中できること」の答えには、手を使うものが多かった。手を動かす＝行動する、という

そして片手より両手の方が有効なのではないでしょうか。たとえば料理するときって片手で料理って難しいでしょう。基本料理は両手だよね。

ゲームが没頭できるのも手を使っているからだし、読書も片手でページをめくれる電子書籍より、紙の本を両手で持ってめくる方が楽しいし、集中できるような気がします。

〈そう言われるとタイピング〉〈全力で取り組むのって両手のとき〉。ですよね。片手だと没頭度が下がる気がするんですよ。

〈片手間という言い方もありますね〉。

なるほど！

〈勉強中。過去問を分析した後に、過去問に該当する情報の資料や法令を切り貼りしているとき。はさみ入れて、糊付けして、マーカー引いての繰り返しで……何にも考えないで無心にやっていたら、いつの間にか次の日になっていたのは、没頭〉

これは両手を使っているうえに、勉強っていうことも没頭しやすいんですよ、きっと。ゴールも明確だし、手を使うし、意味があると思えるから。勉強にやる気が出ないときっていうのは、いろんなことが明確じゃないんです。だから勉強だって、ゴールが明確だったり、ちょうどいい達成度を設定できていたりすれば、没頭して取り組めるんですよ。

手を動かすのは簡単でわかりやすいからおすすめですが、たとえば〈ランニング中も没頭している〉って書いてくれた人は、多分、気が乗らなくても走り出しちゃえばきっと没頭するんですよ。

いろんな状況によって、自分なりの行動＝開き直りの手法をいくつも持っておくことが、戦略的に「没頭」するために重要なことなのかもしれません。

③挑戦になっているかどうか確認する

チェスのチャンピオンが一番フローな状態に入れるのは、自分よりちょっと強い人との対戦なんだそうです。強すぎる人とやっても、逆に弱い人とやっても楽しくない。

適度な挑戦で、しかもすぐ結果が出て、それをフィードバックできること。それが「没頭」しやすい状況だと前にお話しました。だからその行動が「挑戦になっているかどうか」を自分で見極めることも重要です。

たとえば僕が上司から「吉田君、パン買ってきて」って頼まれたとします。いやもちろん買ってきますけれども、あまりに簡単すぎて必死にはならないですよね。

〈吉田君、パン作って〉。そう！　それいいね。「パン作って」っていうのは、僕にとってはちょうどいい挑戦なんですよ。そう言われたら、ちょっと楽しそうだなと思って、やりたくなるもの。「僕がパン作るんですか？　わかりました、ちょっと調べてみます」と言ってクックパッドとかで作り方を調べちゃう。

そう思っているので、僕が本当にパン作りを始めたら、多分没頭できるんです。

④不可能な挑戦をできそうな挑戦に変える

反対にあまりに無謀な挑戦は、もっと小さいものに分解してみましょう。

「不可能なことこそ挑戦して自分が成長する」みたいなマッチョイズムではなく、「不可能な挑戦をできそうな挑戦に変える」ことの方が重要です。

人生って逆上がりができればほぼ何でもできる、と僕は思っているんですよ。逆上がりって最初は不可能だと思うけど、なんだかんだでできてしまう。その「なんだかんだ」が重要で、そこを面倒に思わなければいい。

たとえば織田信長から「天下取って」と言われたとしましょう。この喩えもどうかと思いますが、とにかく「天下取って」といきなり言われても「ちょっと待って!!」「無理！」ってなりますよね。でもこれが「斎藤家どうにかして」だと、ちょっとなんとかなりそうな気がしませんか。

だから上司から「天下取って」と言われたら、「まずは斎藤家からでよいですか？」って言えればいいんです。そうすると次は「斎藤家を落とすためには何が必要か」という話になり、「俺、鉄砲がかなりいると思うんですよね」という流れになる。その次にやることは鉄砲の調達。「鉄砲ってどこで手に入るんだっけ？ 種子島？ あっちの方から来てなかったっけ？」「じゃあ、ちょっと調べてみますわ」ってなことになると思う。

なんだかコンサルタント会社の人みたいですが。でもこういう

「タスクの細分化」って、すごく重要な能力なんですよ。

大きな目標は、小さく分解していけばいいんです。そうすればいつでも「挑戦って楽しいじゃん」と思えるようになりますから。

⑤自分がいつモチベーションが上がるかモニタリングする

僕がすごく雑で嫌だなと思うのは、「楽しめ」っていう言葉です。「辛い状況を楽しめ」とか「本番を楽しめ」みたいなことを言う人がいますが、それって全然具体的じゃないと思うんですよ。だって結果だからね、「楽しむ」って。

そうじゃなくて、僕だったら「自分の感情をモニターしろ」って言います。自分は今どういう気持ちでいるんだろう。それをきちんとモニターするのが、楽しむ前に必要なステップだと思うんです。なぜならモニターすることによって、自分自身の視点が誘導できるから。

「不可能な挑戦をできそうな挑戦にする」ためにも、自分のモチベーションを自分で掘り起こせることが必要だと思うんです。そのためには、自分がどういうときにモチベーションが上がるかを認識しておくことが大切。

自分自身で目標を設定するときに考えるべきなのは、「実現できそうだから」ということではなく「自分のモチベーションが上がるのは何か」ということ。目標設定はモチベーションをモニタリングしながらやるべきだと思います。

⑥適度なストレスをかける

没頭するためには、ある程度のストレスが必要。これは「不安↓開き直り↓没頭」という流れとともに、何度も言ってきました。ネットニュースやSNSをぼんやり見てしまう時間が没頭とは違うのは、その状況ではストレスが全くかかっていないからです。

反対に人と話をしているときは、レベルはいろいろですが、ストレスがかかっている。僕が今ニコ生で喋っているときにも、やっぱりストレスはかかっています。なんだかんだ言って「放送をつまらなくしてはイカン」というストレスです。みんなが聞いてくれているこの時間帯をつまらなくしてはいけない、というプレッシャーが軽くかかっているから、僕はかなり今、没頭状態に近いんですよ。〈某メンタリストが落ち着く環境は集中できないと言っていました〉。

ああそれはわかる。落ち着く環境だとストレスがかからないからですね、きっと。

〈ちょっとした緊張感が大事なのか〉〈家よりカフェの方が本に没頭できる〉。

僕も自宅だと没頭できないんですよ。勉強や仕事をしていても、どうしても他のことをやってしまう。それって不安がないからなんですよね。でも喫茶店の場合は、不安とまではいかないけれど、ここは外であるという緊張感があって交感神経が働く。適度な緊張感があるけれど、危険でもないから緊張とリラックスが両方あるんだね。それで開き直って没頭できる。外で仕事するって、そういうことか。

〈そういう環境は他人の目があるのも大事〉〈電車ですごい集中できる〉〈確かに電車での読書ははかどる〉〈飛行機とか新幹線とかでの没頭力ってすごいよね〉。

電車は緊張できるのに加えて、タイムリミットがあるというのも大きいかもしれない。

没頭には適度なストレスが必要。でね、**日常に取り入れやすいストレスのひとつが「締め切り」**なんです。

〈締め切り前のあの瞬間の集中力〉。そうですよね。

たとえば飛行機とか新幹線の中で集中できるのは、時間制限という「締め切り」があるから。普段の生活の中でも、この時間までに○○を済ませるとか、自分で締め切りを決めると没頭しやすくなりませんか？　これは「ゴールを明確にする」ためにもすごくいい方法だと思います。

「没頭」は誰にでも開かれている

ここまで、「没頭」するための方法をいろいろお話ししてきましたが、僕は基本的に「没頭」は誰にでも開かれていると思います。

そして「没頭」は決してハイパフォーマンスを上げるためだけのものではないとも思うのです。もちろん、没頭はハイパフォーマンスにつながりやすいとは思います。でも、僕にとっては「没頭」そのものがプラスなこと。ハイパフォーマンスを上げられるかどうかは二の次で、純粋に「没頭」そのものが大切なんです。

試合に勝つことはもちろん大きな爽快感を与えてくれますが、試合には勝てなかったかもしれないけど、そこまでテニスボールを没頭して追いかけているのが楽しければ、結果的には負けてもそれでもいいんじゃないのかな、という感じです。

多くの人が「なんとなくつまらない」とか「漠然とした不安」を抱えている。そして文学などには「人生なんてどうせそんなもんだ」っていう方向のものが多い。でも「没頭」について考える中で「フロー体験」や「エクストリームスポーツ」についての最近の研究を知ると、そんなことない、ということがわかってきました。そして「没頭」を上手く使えば、人生を上機嫌で過ごすことができるんじゃないか、と思えるようになったんです。

僕は人生で一番価値があることは好奇心だし、冒険心だと思っています。そして「没頭」にとって一番ダメなのは、新しいことをしたくないとか、難しいことをしたくないという安定志向。今の時代は安定がいいこととされていますが、「没頭」にとっては安定が一番の敵。

それにね、安定を目指していくと、自分の生存できる可能性は一方的に下がっていくから、精神的にはより安心できなくなっていく。それに対して、初めから冒険心を持って、面白いことをしたいというチャレンジをしていれば、何かのタイミングで開き直る方法を身につけて、「没頭」できる。

それがどんな形でも「没頭」した後というのは、自己肯定感が高まっているんだそうです。

日常の中にある弱い没頭でも、それをした後にはスッキリした満足感と自己肯定感が得られる。だったら、それを毎日ひとつでも繰り返していけば、「ワクワクして目が覚めて、夜満ち足りて眠る」人生って送れるんじゃないかなと僕は思います。

5

「没頭」を味方につける

誰かの「没頭」が中心にある社会

今日、偶然、読書アプリを開いたら、以前、買っておいた永田カビさんという漫画家のコミックエッセイ『さびしすぎてレズ風俗に行きましたレポ』（イースト・プレス）という本が出てきたんです。一時期、かなり話題になって、共感を抱いた人もたくさんいたようです。

でね、実際に読んでみて本当に共感したのが、バイトの面接へ行ったときに「やりたいことは何ですか」と聞かれるところ。「やりたいことは何ですか」っていう質問ってね、やりたいことがみんな「ある」前提なんですよ。それは反対に、やりたいことがない人間を責める構造になっているんだよね。

〈その質問って残酷だよね〉〈この仕事にモチベーション持てます

かって聞けばいいのにね〉〈今、就活でそれに苦戦してる〉。

そうだよね。「自分のやりたいことを見つけろ」とか、みんな、割と雑に言うじゃないですか。やりたいことがあればいい、とかね。でも「やりたいことは何ですか」というのは、多分問いの立て方があまりよろしくない。このことが、すごく巨大な問題だと思ったんです。だってね、そう聞かれると、人間やりたいことってひとつしかないような気がするじゃないですか。僕はこれって、今の人たちが陥りがちなんだけど、すごく間違った問題意識の持ち方だと思っているんです。だってそもそも、やりたいことがひとつである必要なんて全然ないんですよ。

それが何の行動でもいいんだけど、誰もが夢中でいること、没頭していることをどんどんやっている状態。社会ってそこを基準に回すべきだと思うんです。**いろんな行動の中に、誰かの夢中とか没頭がある。**そうじゃなければ社会が僕らの生活を担保する意味がないと思うんだよね。

〈ラジオとか司会とか先生とか、話し手が没頭していないとやっていけない〉。

そうなんです。没頭していない人を見ているのって、辛いんです。なんだかあの先生、辛い感じで教えているなーっていう授業よりは、教えるのに夢中な人の授業の方が断然面白いし、身につくよね。

人間って、没頭している人以外のパフォーマンスって見たくないんですよ。没頭していない人のパフォーマンスって、気持ちが悪い。一生懸命やっていないアイドルって、見ていられないでしょ。ダラダラしている野球選手とか、見たくないですよね。

スポーツ観戦で「気持ちのいいプレー」って言い方がありますが、選手がプレーに集中している姿は、やっぱり見ていて楽しいんです。

見る側にとっては、パフォーマーが没頭していること自体がパフォーマンスの価値のひとつだったりする。

人間ってね、自分が見ている人が反応させているのと同じニューロンが反応するようにできているんですって。ミラーニューロンといって、たとえば本気で勝とうとしている人を見ていると自分の脳も同じように反応する。スポーツ観戦に没頭するのもそのせいだし、パフォーマンスを本気でやらないアイドルやアーティストを見ていて楽しくないのはそのせいなんです。

音楽を演奏している最中のミュージシャンは、フロー状態の典型的な例のひとつです。録音でもいいはずなのに音楽のライブが未だにこれほど需要があるのは、ミュージシャンが演奏している姿を見ることそのものが楽しいからなんですね。

ラジオによってひきこもりから出てきたのが僕だ

ここでちょっと自分の話をします。3章で斎藤環先生が教えてくれた、ひきこもりがニコ生で外に出てきたという話をしました。「ニコ生」がひきこもりに効くということ。そしてエクスポージャーという手法。それらの話を聞いて、気づいたことがありました。「ニコ生」によってひきこもりを脱した人、それと同じことをラジオでやっていたのが僕だったんだということです。僕自身がひきこもり傾向にあるというか、完全にそうだったと思うんですけど、そんな人間が偶然、ラジオパーソナリティという職業について、ひきこもりを脱することができた。

最初に話しましたが、学生時代の僕は、真面目に勉強しろ、とか真面目に単位を取れ、っていうような「常識」に従って学校へ通い、そのまま就職活動もしていました。「その先に自由が来るから」と言われて、まあしょうがないから今はとりあえず我慢した方がいいと思って、いろんなことをやってきたわけです。ここまで真面目に全部やりきる人もいないだろうというぐらいにきちんと学校へ通い、大学3年までに単位も全部取って、就職も決めた。

同時にいろいろなことに手を出す趣味人でもありましたけど、逆に言えばそれも世間の「是非やるべき」という常識を意識していたことだったのかもしれない。勉強だけではなく趣味も持っている人間になれ、みたいなひとつの常識に縛られていたのかも。

とにかく「常識」に従うことを全部やってきて、アナウンサーになったわけです。そしてその瞬間、もう絶望的に将来が不安でした。自分みたいな人間がアナウンサーに受かっちゃったけれども、ちゃんとしたアナウンサーになれるのか。アナウンサーの仕事って一生それでいけるかというとそんなことない、という話をされたりもするわけです。だからといって何をすればいいのかもわからない。

〈不安GET！〉って、そこで思えるわけないじゃないですか！

ニッポン放送の場合はアナウンサーじゃない仕事に就く人もいっぱいいて、アナウンサーがダメだったらそういう仕事に異動になる可能性もある。今はそれがダメなことだとは全然思わないんだけど、当時はそうなったら完全に失格の烙印を押されたような気がするだろうと思っていたんですよ。

そこで、僕にあったのが「ニコ生」ではなく「放送」だったんです。だから多分、僕って放送というものをテコにひきこもりを抜けてきた最初の人間なんだと思います。

僕にとっては放送は常に「没頭」

放送で喋っていると、その放送にとってプラスなことをしたときは、ちゃんとプラスのフィードバックが返ってくる。反対に少しでも放送にとってマイナスなことやると、それはもう「そっ閉じ」なわけです。ラジオにおける「そっ閉じ」とは何か。それは聴取率が取れないということです。

〈お客さんでも悪いところは悪いと言ってくれる人はありがたい。何も言わず離れてくのが一番怖い（デザイン業界的に）〉。それ「そっ閉じ」ですね。

〈ラジオはクレーム来ません？〉。僕は局に直接クレームがくるようなことはほとんどなかったですが、人生で初めて放送に出た次の日に、2ちゃんねるに批判スレッドがもう立っていましたからね。「あいつなんなんだ」みたいな書き込みがあって、なんと恐ろしいところなんだろうと思いましたよ。

でも途中からは批判スレッドを見慣れすぎて、何をやっても必ず反応があるんだなということも学びましたね。この規模でやっているので、アンチスレは今でもあるでしょう。ただ、今はそれをわざわざ見る必要はあまりないなという風に思っているので、ごめんなさい、アンチスレは見ていないです。

ともあれ、「ニコ生」と同じプラスのフィードバックと「そっ閉じ」がラジオにはあった。単にぼこぼこに叩かれるんだけなら、すぐ嫌になっていたと思うんだよね。でも、たまに本当に上手くいくと、プラスのフィードバックがわぁーっと返ってくるんです。この環境って。

ラジオの放送はまず**「ルールとゴールが明確」**です。時間内にきちんとした放送ができて、その放送の雰囲気が良く終わればいい。放送後にみんなが和やかな空気であれば、ちゃんとゴールできたということ。大失敗の場合は言った瞬間にその場の空気が凍ったりするわけですが、ウケをとろうと思って言ったことがちゃんとウケると、それは瞬間的に正のフィードバックがあるということ。だから**「フィードバックのサイクルが短い」**。

〈吉田さんがパトレイバーで反応したときの話とかつながりますね〉って、これは漫画にもなっているお話ですけれど。『WⅫ機動警察パトレイバーのオールナイトニッポン』というアニメ作品の特番があって、たまたま僕がそのアニメのディープなファンで、無我夢中でやっていたらすごいプラスのフィードバックが返ってきたわけ。ああそういうことか、と学んだ体験のひとつですね。

放送の場合、今でも手持ちのスキルで何とかなることだけやっている放送は面白くない、と思っています。今日はちょっとこういうことを頑張ってみようかな、という作戦なしで放送に臨んでいてはいけないんです。なぜなら自分が楽しくないから。だから、**「4%のチャレンジ」**が今もできているといいなと思います。

毎日の仕事が没頭するための条件を満たしていて、なおかつ「ニコ生」的な正のフィードバックと「そっ閉じ」の世界にいることができたので、僕は毎日自然に「没頭」を続けてきていたんだな、と今回あらためて認識しました。そして自分がなぜこんなに「没頭」にこだわり続けているのか、という理由もこれなんです。

『なぜ楽』にも書きましたが、初めのうちは本当に放送が辛かった。

でもね、あるとき開き直ったんですよ。開き直る前に諦めていたら今みたいな状況にはなれなかったはずですが、開き直ったので今、僕にとっては放送は常に「没頭」なんです。放送もイベントも、いつでも「没頭」しているし、楽しくて仕方がない。

「不安↓開き直り↓没頭」という構造って、没頭の瞬間だけでなく、一人ひとりの人生にとっても当てはまるのかもしれませんね。最初のうち不安だったことが、どこかで開き直りを経験して、楽しいものに変わっている。こういうルートを通ったもの以外は、自分でちゃんと手にした気がしないようにも思えます。

超人は必ずしも特別な人間ではない

僕がラジオ放送をやっていることで得られたプラスの要素と、エクストリームスポーツの話でつながるところがありました。これはもう丸ごと『超人の秘密』からもらってきた話なんですが、フリーダイビングの世界記録保持者で、マンディ＝レイ・クルークシャンクという人がいます。彼女はいわゆるフィン、足ヒレを使い、重りを装着して自分の力だけで潜り、上がってくるというフリーダイビングで、78mという無茶苦茶な記録を持っている人なんです。なんと水中に6分くらいいられるんですって。それって、すごい能力者じゃないですか。

彼女が潜っている最中というのは、今この瞬間をモニターしているだけなんだそうです。過去（さっき呼吸を失敗したな）や、未来（この先、酸素がなくなったらどうしよう）について考えることは意味がなく、ただ潜って、足を動かす回数（キックサイクル）を数えているだけなんですって。一回足をキックする。その瞬間、今、自分が大丈夫かモニターする。大丈夫、もう一回キックする。大丈夫……ということをずっと繰り返す。そうやって数え続けることで、彼女は潜っている間中、ずっとフロー状態でいられるのだそうです。

これって「フィードバックを短くする」の究極のサイクルですよね。これをずっと繰り返しているうちに、78m潜ってしまったわけです。

このマンディ＝レイ・クルークシャンクという人が面白いのは、性格がものすごく内気だったということ。つまり、人がやらない新しいことをしてやろう、とかスーパーヒーローになりたいなんていうことは全く思っていなかった。ただ、純粋に水の中にいることだけが好きだったという普通の人なんです。

彼女は最初はシンクロナイズドスイミングの選手になるんだけれど、コーチから「将来的にオリンピックレベルを目指す意欲というものが明らかに欠けている」と言われてしまいます。高校を出る頃には自分自身も周りのほとんどの人間も、彼女が何か画期的なことをするなんてありえないと思っていたといいます。

それでも水の中が好きだからということで、思い切って彼女はスキューバダイビングのお店を開きました。そこでカーク・クラックという人に出会ってフリーダイビングを教えてもらうようになった。もともと潜水に向いている体質だったこともあり、彼女はたった1年半で世界記録保持者になりました。ただ、ここが重要なんですが、クルークシャンクは自分が世界一になるような特別な人間だとは思っていないんです。

世の中には、ハイパーパフォーマンスを起こす人たちが大勢います。僕は放送に携わる仕事をしているおかげで、ラッキーなことにそういう人たちに会うことが多い。何百万枚もＣＤを売り上げるアーティストの人がゲストに来るんです。でも、そういう人たちって、もちろん超人なんだけど、同時に普通の人でもあるんですよ。

そうはいってもやっぱりすごいでしょ、と思うかもしれません。メディアに出ている人たち、たとえばすごく面白い芸人さんは、普段からものすごく面白いことを考えているだろうとか。東大生だったら常に難しいことを考えているだろうとか、思っていませんか？

実際に知っているわけではないけれど、そういうイメージを勝手に抱いて、そういう人たちは「自分とは違う」って、思い込んでいないでしょうか。

〈天才とレッテル貼って遠ざける感覚〉と書いてくれた人がいます。そう、さきほどのクルークシャンクが実はものすごく内気な性格だったりするように、ハイパーパフォーマンスをできる人の誰もが選ばれた才能のある人とは限らないんですよ。

〈すごいとすごいに違いないは別〉。

そう。つまり、すごい人がすごいことに理由はあるんだけど、すごいことをする人がすごいわけではないんです。この感覚わかります？

固定型マインドセットと成長型マインドセット

僕は今、里崎智也という世界一のキャッチャーと一緒に番組をやらせてもらっています。でね、一緒にラジオをやっていると、里崎さんって普通なんですよ。単なる面白いお兄ちゃんなんです。ただ野球に関してだけは、自分の能力の4%上を見つけて、そこを突き詰めにかかっているんだよね。

〈ステータスひとつぶっちぎった凡人〉。そう、そうなんです。

いわゆるすごい人って、大体においてみんなそうなんです。そういう人たちを見慣れてくるとわかるんですが、彼らって常にすごいわけではなく、ある瞬間に能力がバーストしているだけなんです。4%の掛け合わせが何十回も重なっちゃった人、というだけのことなんだよ。身近で見ていてそれが実感としてわかる。

彼らは自分の能力にリミッターをかけていない。自分の能力を存分に尽くして生きているだけなんだよね。

〈自分を見限っていない〉〈気づいたら山頂にたどりついた人々か〉。

うん、そうですね。でもそれに対して世の中のほとんどの人たちって、「自分はこの程度」だと思っているんですよ。

人間には「固定型マインドセット」の人と、「成長型マインドセット」の人がいるそうです。人間は生まれ持った能力で全てが規定されていて、それは変えられない思っている人が固定型のマインドセット。一方、生まれ持った能力はやる気や努力などで伸ばしていけると考える人が成長型のマインドセット。だから成長型マインドセットの人は、何かあったら自分もああなっていたかもしれないよね、という想像ができるんです。「すごい人は天才だから自分とは違う」とレッテルを貼ってしまわないんですよ。自分とは関係ない、と思わない。

そうすると、自分の現在の能力がどれくらいで、どうすればそれを伸ばせるかということを認識できるんです。けれど固定型マインドセットの人は、「自分はこの程度」と決めつけてしまっているから、自分の能力を正確に見極めようとしないんです。

「足るを知る」は没頭には要らない

〈ハイパーパフォーマンスができる人↑選ばれた才能を持っているわけではない。なるほど？　でも、ハイパーパフォーマンスの周りにいる人も、ハイパーパフォーマンスしてたりしない？　寄っていく、というか。似ている人が集まる、というか〉って書いてくれている人がいますね。うん、ハイパーパフォーマンスをやる人たちは性格が似ていますよ。先ほども言いましたが、**今の時代、ハイパーパフォーマンスをする人にほぼ共通するのは、変わったことを言**

う人がいたときに、「それは違うよ」と言わないこと。その人自身が、変わったことを言う人を大切にするんですよ。

〈空気を読まない〉。そうそう。彼らは空気は読まない。

〈歳を理由に人をけなすやつは歳を自分のできない理由にする〉

〈好きなことをするのに制限なんて要らない〉。

そうそう。だからね、**「足るを知る」とか「分相応」とかいうじゃないですか。あれはどうやら「没頭」するためには要らないもののようです。**何歳でも何をやってもいいし、男女を問わず何をやってもいい。ただ、自分が何に没頭するかということについて敏感であることが重要だと思います。

たとえば斎藤環先生はこんなことをおっしゃっていました。

「自分ではコントロールできない意志の核みたいなものを持つことができれば、それで苦しむこともあるかもしれないけれど、没頭する対象も同時に芽生えるので非常にラッキーかもしれない。そういうものが見つからない人たちは、もしかすると種はあるんだけれどもそれに気づかないだけかも知れない。一人で放っておかれていたら見つかったかもしれないものが、それこそ毎日LINEで誰かとやりとりしていたりすると、表層的な楽しさに満足してしまって、自分の内面にあるものに向き合う機会がなかなか持てなくなっていくんですよね」と。

〈そもそも没頭はその殻を破るためのものでは?〉。そうなんだよね。

〈教育を受ければ受けるほど洗脳状態〉。そう、教育を受ければ受けるほど、冒険せずにちょうどいいことをやろうという感じになりますね。

〈なぜこういう考え方が少数派になっているのかがすごく知りたい〉。

それは社会を運営するとき、そういう人たちが増えると面倒くさいからですよ。現状のシステムでは。

「没頭」を消そうとする社会

そもそも昔は「フローに入る」という概念自体がありませんでした。それが「人はフローという状態にはいることがある」とわかり、それを研究し、追求し始めた途端に、スポーツ選手などがフローに入れる確率はどんどん上がっているそうです。

ところが反対に、普段の生活をしている人たちがフローに入る＝没頭する確率は、おそらく近年どんどん下がっているんですよ。

それは常識によって人をコントロールする方がいろいろと効率的だったから。もともと現在の形の学校というものも、工場と軍隊を作るために必要だったんですよね。工場なんかは、働く人が時間を守ってくれないと大量生産ができないから、子どもたちに学校で集団生活をさせ、行進させたり、時間割通り授業を受けさせたりして、「時間は守りましょう」といった社会的なことを教えていった。そういう学校が明治頃から整備されていったわけです。いいところでまだ150年程度なんですよ。原始の時代、人間はもっとフローに入っていた可能性が高いと思います。

当時はみんなが集約性労働をするというのが人類としての大イノベーションだったわけです。高度成長期くらいまでは、そういう「みんな一緒に頑張りましょう」という力によって経済が回っていました。けれど現在では、大量生産や消費社会というものの限界が見えてきて、これ以上やるともう世界が壊れちゃう、といったところまで来てしまった。もうこのシステムはまずいんだなということがわかりつつあるし、社会的な問題を解決するためには、むしろ同じタイプの人がいない方がいいことに、誰もがもう気づき始めています。

フローに入っていない状態で人々を動員することが限界に来ていて、それはもう違うんじゃないかと人々も思っている。だからマインドフルネスなんて言葉が流行るんでしょう。

ところがそうなると、今までは社会状況によって「これは正当な努力だ」と認められていたようなことが、それは必要な努力ではないということになっていく。学校や会社の言うことをよく聞いて、同じようにみんなで一緒に頑張ることに重きが置かれなくなっていく。そんな風に梯子を外されて、悲しい思いをする人がやっぱりいるわけですよ。

梯子を外されて悲しい思いをする人にならないためには、常に自分が本心からやりたいことをやるしかないんです。好きでやっていたことが、結果的に役に立てば、それはラッキーです。でも、そもそも本気でそれをやっている人は、ラッキーがあってもなくても同じことをやるんですよね。やりたいから、それをやり続けるはずなんですよ。

前の章で、貧しい家に生まれたんだけれど、単に自分が好きだというだけで鉱物などの勉強を続け、ノーベル化学賞を受賞した人の話をしました。彼が、どうしてそんなことができたのかと聞かれたときの答えはこうだったんですって。「**したいことをしながら前へ進んだだけです**」。

「フローに入っている時間だけが労働時間」

これからの時代は、誰もが没頭しやすくなるような教育システムを作るべきなんじゃないかと僕は思います。没頭しやすくなる教育って、多分できるんですよ。というか、この本が目指しているのはまさにそれですから。

〈「没頭」は統治国家目指すなら邪魔な考えかもね〉。それはその通りですね。でも「没頭」を基準に物事が回るようになったら、そんなことも言われなくなると思うんだよね。

ちなみに様々なシステムを開発しているA社では、社内に「プログラマーはフローに入るべき」というマニュアルがあるそうです。そこでフローの入り方までちゃんと研究しているかどうかはわからないけど。

日本では今、労働時間を短縮せよみたいな話をしているじゃないですか。それでも労働生産性を上げろみたいな話をしているでしょ。ところがA社では、「何時間労働したかなんて意味がない」と。単に働いた時間じゃなくて、フローを計測して、フローに入っている時間にだけ賃金を払えという風に言うべきじゃないか、と提言している人がいるんです。すごいですよね。

〈1日3時間もフローに入って働けたら充分すぎる気がする〉〈当方プログラマーです、仕事時間の半分も実は仕事をしてないですw、集中した瞬間だけ仕事してる〉。それだ！　まさにそれですよ。

ハイパーパフォーマンスすること自体に気持ちよさはあると思うんだけど、その気持ちよさは、パフォーマンスの中身によってなんら変わらない。子どもが自分の絵を見て得意げに「前よりも上手く描けた」と思うことと、イチローがWBCの優勝を決める試合でヒットを打つことの間に、主観的な差はないと思うんです。それぞれが自分の中で4％を超えるパフォーマンスができたということを誇っているだけで、脳内の気持ちよさは同じなんです。

生放送は強制マインドフルネス

話を僕自身のことに戻します。

先ほどのフリーダイビングの記録保持者の話で、「彼女が潜水しているときには、今この瞬間しか意識していない。未来のことも過去のこともそこでは意味がない」と言いました。生放送の前にも後にも引けない感じというのは、それに似ていると思います。なんというか、強制的に「今ここ」に縛りつけられるんですね、ラジオの生放送って。

放送を聞いてくれている人って毎日全員同じじゃないから、「ごめんなさい、明日やります」というのは通用しない。中でも「そっ閉じ」の人とは、今日ダメだったらもう二度と会えないかもしれない。もう一生、会えないかもしれないんですというのでは何ともならない。「一期一会」と言えばカッコいいかもしれませんが。今、ここに集中するしかないんです。

〈強制マインドフルネス〉。なるほどそうだ！　その通り。今ここに意識を集中しかないというのは「強制マインドフルネス」ですね。放送というのは「強制マインドフルネス」である、と。

〈いつやるの？　今でしょ！〉と言うけど、本当にそう。今しかない。今のことしかどうしようもないんです。過去は変えられないし、未来のことなんてどうしようもない。でも、今に集中すると、没頭しやすくなる。

とはいえ僕も、そうそう毎日、完全に没頭できる態勢ができあがっているわけじゃないので、放送が始まる前にものすごくテンションが低かったり。なんだか今日は調子よくないな、ということがないわけじゃないんです。でも、放送をやると、ほぼ確実にその感情がリセットされるんです。リセットというよりむしろ、プラスの方に転じるんですよ。とにかく放送が終わった時点では気分がスッキリしている。だからこの仕事を続けていられるんだと思いますね。

以前、放送の直前に電話で強烈に怒られたことがありました。酔っ払った某新聞記者の人から電話がかかってきて、本当に理不尽な内容で怒られた。相手は酔っ払っているとは言わないんだけど、この暴論からして確実に酔っ払っているなこの人っていう相手でした。

ですから放送が始まった時点のテンションは最悪だったんですが、始まった瞬間に「これはリスナーには関係ない」と思うんですよ。そうするともう、頭を切り替えるしかない。上手く切り替えられるかどうかはわかりませんが、少なくとも切り替えなければいけないという意識はあるわけです。

機嫌良くなっていなければいけない。とりあえず、さっきの電話はどうでもいいから横に置いておこうと思ってやって、なんとかなった。そして放送が終わった後、自分の機嫌は直っていたんですよ。今思えばそれは「強制マインドフルネス」だったからですね。

ラジオもニコ生もそれぞれの「ルール」がある

〈生放送に限らず「今求められること」は強制マインドフルネスなんだろうね。人助け・席譲り・ゴミ拾い・司会、こういうのは、やらなきゃしゃーないもんね〉。

なるほど。そうかもしれません。

〈この番組は結構ダラダラしていない？〉と言われていますが。喋っていることに関しては全力で頭を使ってます。もちろんラジオの生放送をやるときとルールが違うので、全く別のスポーツをやっている感じですね。

放送の場合は時間内に必要な情報を全部入れ込んで、いろんな人たちの正解を作り、あわよくば今までになかった価値観をそこに出したい、という思いがあります。放送には優先順位というか、提供クレジットやCMを読んだり、最低限楽しいことをやるといった約束事があります。

一方この「ニコ生」に関しては、大切なのは真実を射貫くこと。そんな風に、それぞれルールの違う放送をしている。ただどちらも「ルールがある」という意味ではある種のゲームであり、没頭の条件にも当てはまりますね。

〈予定調和な番組は面白くないな〉。うん、放送ではどちらも予定調和を越えたことをやりたいと思っています。

たとえばずっとあるアクションゲームをやっているときに、イージーモードでクリアしたらノーマルモードにするのって「向上心」じゃないでしょ。自分がそのぐらいの難しさじゃないと楽しくない。歯ごたえが自分にとってそれぐらいじゃないと楽しくないからだよね。

〈そうだよね休憩はいつでもできるんだから〉。これはいい言葉ですね。

〈フローに入っている人と友達になりたいね〉〈逆に思うんだけどよっぴーの付き合う人種たちってフローに入ってない人いるの？〉。

確かに、単に偉く見られたい人なんかとは仲良くならないですね。そういう人たちって面白くないから。そうじゃない人たちとは、一緒に没頭しているような感じもあるかもしれません。

なんにせよ、**没頭できる人は増えた方がいい**、というのが、どこまでいっても僕の結論です。

人は一人になると落ち込む

僕は「没頭力」を使えば、ひきこもりの人を外に出すこともできそうな気がするんですよね。ここに来てくれている人も、気持ちのどこかにそういうところがないですか？　新しいことをやろうと思ったときに、なんかこう気持ち的にはひきこもりみたいな。

〈大学4年間ほぼほぼひきこもってたけど、『なぜ楽』のニコ生参加してから脱したよね。学校も行くようになったしバイトもちゃんと始めた。学ぶ分野を変えるために編入試験を受けて、春から新しいことを勉強し出すだから、人に自分の言葉を聞いてもらえること

って、本当に大事〉

おお！　こんな人が！　これは嬉しいですね。

『フロー体験入門』によれば、人って一人になると落ち込むんですって。どんなに健康な人でも、長く一人でいると憂鬱な考えが心を占めたり、意識が無秩序になっていくそうです。それが人と交流することで解消される。なぜなら、前にもお話したように人との会話は弱いけれど「没頭」だから。他者との交流には目標もフィードバックもチャレンジもあって、集中することが必要になる。それがポジティブな感情につながっていくのです。

〈わかるけど最初の一歩が難しい〉。うん、それはそうですね。

これまで何度か言ってきたように、「やらなきゃ死ぬ」という開き直りもひとつの方法です。自分の能力よりも、ちょっとだけ難しいチャレンジをしてみてもいい。なんにせよ、最後は行動です。それ以外で開き直ることはできません。

〈「外に出る」じゃなくて「ジョギングする」にしてみるのがいいんじゃないかい？〉。うん、これは大きな目標を小さく分解する、ということですね。

〈やらなきゃ死ぬを意識すると世界変わる〉〈とりあえず動けってことか〉。そう。ここで「明るい未来を思い描け」とか、漠然とした紋切り型のことを言われても全く響かないでしょう？　それよりも「不安→開き直り→没頭」というステップを踏む、という具体的な手法を知っていることの方が役に立つんじゃないかな。

マネタイズならぬ「ハピタイズ」

〈将来の心配をしない才能〉。なるほど、これはいい言葉ですね。「人間到る処青山あり」という諺がありますが、そんな気分でしょうか。

余談ですが、僕、最近諺にすごく興味があるんですよね。なぜかというと、言葉というか思想には、世の中を面白くするものと面白くしないものがあると思うんです。そしてそういう思想って、諺の形をとって表れるなと思って。言ってみれば「いい諺」と「悪い諺」に分けられるんじゃないかと。

「人間到る処青山あり」というのは、「人間どこで死んでも骨を埋める場所（青山）はある。だから恐れず広い世界へ出て活躍するべきだ」といった意味。僕は、この諺が表す思想は、世の中を面白くしている思想だと思います。

それに対して「果報は寝て待て」というのは、決して害はないけれど、世の中を楽しくはしていない。少なくとも僕としては、個々の人生を面白くする思想ではないなという風には思うんです。また、国によって諺が違うのもまた面白いですよね。そんな風に、時代や場所にふさわしい諺をアップデートしていくことに興味があります。

以上、余談でした。

「換金」という言葉がありますよね。自分が持っているものをお金に換えること。それと同じように、僕らが持っている社会的状況というのは、全部幸せに変換できるんじゃないかと思います。いわば「換幸」でしょうか。それって、誰にでも可能なことで、もっとそういうことがあってもいいのに、みんな、その方法をあまり考えていないんじゃないでしょうか。最初でも言いましたが、本来、大人の方が生きるのを楽しめなければおかしいと思うんですよ。

〈マネタイズ、ではなくハピタイズ〉。なるほど、いい言葉ですね。

「ハピタイズ」は世界中の人がわかりそうな気がする。

そう、僕が突き詰めたいのは「ハピタイズ」の方法なんですよ。

そしてそのためには「没頭」が役に立つはずだ、と。結論としてはそういうことなんです。

「没頭」にどうしてこんなに興味があるかというと、自分が偶然放送という仕事にたどりついた人間だったから。放送という形で「没頭」を繰り返していくことによって、僕自身が変わったし、それを続けていることで、「ワクワクして目が覚めて、夜満ち足りて眠る」日々を送れている。僕がそこにたどりつけたのは「没頭」のおかげだったことがわかったから、これを書く理由があったんです。

その生きた証拠として、心の底から「俺、楽しいもん」と言える。

だから、もしもなんとなくつまらなかったり、漠然とした不安を抱えているのなら、あなたも没頭してみませんか？

あとがき

本当に書きたい、切実なものを書かせて頂きました。

一方で、この本は、本にならない可能性がありました。担当してくれた穂原俊二さんに2014年10月にお会いして初めてお話をしてから、3年半。以前、太田出版さんから出して頂いた『なぜ、この人と話をすると楽になるのか』出版前から、企画の相談は始まっていて、その頃から「なんかつまらない」という人生のラスボスを倒したい、というテーマは決まっていました。ただ、僕は作家ではありませんから、本を作るのは本業ではない。だったら、その切実さを表現するのは、「本」という形じゃなくてもいいんじゃないか、というところまで突き詰めていたのです。最終的に本の形で手に取って頂いていますが、この『没頭力』は書籍というより、プロジェクトです。作ることそのものが、自分にとって「没頭」の実践でした。

切実なものを書きたい、と宣言したからには、もう逃げる訳にはいかない。疑問の先を知っていそうな賢人に会って、聞きたいことを聞くことがどうしても必要でした。これ、めちゃくちゃ怖いんですよ。「この人はすごい！」と思っている人にしか、お会いする意味ないわけです。もうまさに「不安」。でも、えいやっ！　と「開き直って」会いに行く。言ってくださったことは一言一句聞き逃さないように、自分の気持ちと疑問に感じたことを必死で言葉にする。そうやってお話を伺った後は、なんとも他に喩えようのない爽快さがあったんです。これこそ「没頭」でした。

この本は、大変多くの方にご協力頂きました。とんでもない発想を最初から最後までぶつけてくれて、ビジョンが大きくて手間のかかることを全部実現してくれた太田出版の穂原さんと新木良紀さん、文章としては不規則な発言でしかないいろんな方との対話とツイキャスやニコ生の言葉を、こんなに読みやすい形にしてくれた岩根彰子さん、カバーのイラストレーションを描いてくださったヤスダスズヒトさん、装丁の鈴木成一さんと大口典子さん、この本だけでなく日々お膳立てとアイデアをくれる益子和隆さん、そして知恵を授けてくださった斎藤環先生、倉本美津留さん、原井宏明先生、桜井政博さん、石川善樹さん、また、お会いせずとも知恵を拝借した多くの方、中でもマーティン・セリグマンさん、ミハイ・チクセントミハイさん。さん付けで呼んでいいのかどうかわかりませんが。そして、「大人はそんなじゃダメだよ」といくらでも言えるのに、一切言わずに没頭を許してくれていた、嫁と娘。何より、ニコ生でコメントをくれたり、見守ってくれた方々たち。この本は、著者名こそ僕になっていますけど、ポジティブなことを考えている沢山の人達の交差点みたいな場所に僕がいた、というだけです。本当に、ありがとうございました。

そして、本だけで終わらないプロジェクト『没頭力』。なんと、これを「落語」にします。朗読じゃないですよ、書店の店頭で、和服を着て喋らせて頂くことに、もう、なっております。そんなことができるのか、もちろん不安です。せっかく書き終わったのに、最後の最後にまた没頭が始まります。

一見無謀に見えても、それが切実であれば、なんとかなる。

単なる変わり者のやることを見て、一人でもそう思っていただけたら、幸いです。

2018年1月25日　朝9：31

吉田尚記

著者紹介　吉田尚記《よしだ・ひさのり》

一九七五年東京生まれ。慶應義塾大学文学部卒業。ニッポン放送アナウンサー。第四九回ギャラクシー賞DJパーソナリティ賞受賞（二〇一二年）。「マンガ大賞」発起人。『ミュ～コミ＋プラス』（ニッポン放送）、『エージェントHaZAP』（BSフジ）などのパーソナリティを務める。マンガ、アニメ、アイドル、デジタル関係に精通し、二〇一七年には自ら新型ラジオ「Ｈｉｎｔ」のクラウドファンディングを三〇〇〇万円以上集めて成功させた。著書『なぜ、この人と話をすると楽になるのか』（太田出版）が累計一三万部（電子書籍を含む）を超えるベストセラーに。近著に『どうすれば幸せになれるか科学的に考えてみた』（石川善樹氏との共著／ＫＡＤＯＫＡＷＡ刊）、『コミュ障で損しない方法38』（日本文芸社）がある。マンガ、アニメ、アイドル、落語、デジタルガジェットなど、多彩なジャンルに精通しており、年間一〇〇本におよぶアニメやアイドルのイベントの司会を担当する。Twitterアカウント @yoshidahisanori

イラストレーション　ヤスダスズヒト
ブックデザイン　鈴木成一デザイン室
協力　益子和隆／ニッポン放送

参考文献
・マーティン・セリグマン＝著／宇野カオリ＝監修・訳
『ポジティブ心理学の挑戦――〝幸福〟から〝持続的幸福〟へ』（ディスカヴァー・トゥエンティワン）
・M・チクセントミハイ＝著／大森弘＝訳
『フロー体験入門―楽しみと創造の心理学』（世界思想社）
・スティーヴン・コトラー＝著／熊谷玲美＝訳
『超人の秘密―エクストリームスポーツとフロー体験』（早川書房）

没頭力

「なんかつまらない」を解決する技術

二〇一八年三月四日　第一刷発行

著者　吉田尚記

編集・発行人　穂原俊二

発行所　株式会社太田出版

〒一六〇-八五七一 東京都新宿区愛住町二二 第三山田ビル四階

電話〇三-三三五九-六二六二 FAX〇三-三三五九-〇〇四〇

振替〇〇一二〇-六-一六二一六六

WEBページ http://www.ohtabooks.com/

印刷・製本　中央精版印刷株式会社

ISBN978-4-7783-1599-3 C0030